利润逆袭

用数据分析经营
Operating with data analysis

用系统管理企业
Manage companies with system

用策略倍增业绩
Multiply performance with strategy

杨镒天/著
Written by Yang Yitian

中国商业出版社

图书在版编目（CIP）数据

利润逆袭 / 杨镒天著. -- 北京：中国商业出版社，2018.11

ISBN 978-7-5208-0586-5

Ⅰ．①利…　Ⅱ．①杨…　Ⅲ．①品牌营销　Ⅳ．①F713.3

中国版本图书馆CIP数据核字(2018)第213339号

责任编辑：常松

中国商业出版社出版发行
010-63180647　www.c-cbook.com
（100053　北京广安门内报国寺1号）
新华书店经销
沈阳文彩印务有限公司印刷
*
710毫米×1000毫米　16开　22.5印张　220千字
2018年12月第1版　2018年12月第1次印刷
定价：149.00元
* * * *
（如有印装质量问题可更换）

Preface

前 言

各位朋友你们好！当您看到这里的时候想必会对本书产生一定的好奇感。需要向您做下自我介绍，我首先是位企业家，其次是位企业家导师，所以我经常会与中小企业老板、企业家在一起交流。近一年多来我听到的最多声音是生意不好做、竞争太激烈、利润太薄、员工太难管等等，我相信这是老板们的真实心声。

比如手机行业，手机已经成为人们生活的必需品，市场需求巨大，起码有几十个品牌，竞争之激烈可想而知。但是有一个品牌的手机，每当新品上市时却是拿钱都买不到的，这就是苹果手机。现在美国苹果公司的市值已经排在世界五百强企业的第一位，是微软公司和谷歌公司的市值总和，已成为世界最大的上市公司。再有，尽管计算机行业一直面临着激烈竞争，但戴尔公司却总是能够赚取其同行业企业未能达到过的

前言

利润。

折扣零售一直都经受着激烈的价格竞争，而且毛利率越来越低，但沃尔玛公司自从上世纪60年代建立以来所获得的销售回报率一直是行业平均利润水平的两倍以上。汽车行业也是如此，虽然排在全世界第二位的美国通用公司正在巨额亏损中苦苦挣扎，但日本丰田公司却在该行业赚取了天文数字般的利润。

类似的例子数不胜数，那到底是什么使得这些公司能够如此持久地获得每个企业都梦寐以求的巨额利润呢？有句话各位都知道，"唯有专业，才能卓越"，我们都知道，2015年是中国答应WTO必须全面开放市场的时间，未来外企会蜂拥而至，全面竞争即将来临。在这种激烈竞争的势态下，其实能够让企业持续盈利的是在经营管理上要更加专业。那到底何为专业呢？"用数据分析经营、用系统管理企业、用策略倍增业绩"，这也是本书的核心理念。什么叫"用数据分析经营"？喜欢看美国NBA联赛的人都知道，这是世界顶级的篮球比赛，我们也知道中国球员姚明早先就在美国打过NBA联赛，年收入上亿美元，而普通球员的年薪只有几十万，甚至是几万美元。请您想个问题，篮球俱乐部的经营者是依据什么来评估一个球员的价值并支付他薪水的呢？就是这些数据，有篮板数、助攻数、投篮的命中率等等。再有，假设我们的身体不适，去医院看病，医生会怎样做？先让您去抽血验血常规，是不是这样？根据您的检验报告单做出诊断，您是病毒性感染还是病菌性感染，然后对症下药给您治疗。

我想通过这两个例子来说明什么呢？就是"用数据分析经营"的重要性。诺贝尔经济学奖得主赫伯特西蒙对企业经营给了这样的定义："经营就是决策，决策是经营的核心。"由此可见，一家企业经营水平的高低很大程度上取决于这家企业高层的决策能力的高低。事实上，从古至今，人们都在不断地通过寻找新工具、开拓新思维来帮助自己做出决策。

有人说："管理既是科学又是艺术。"说管理是艺术，指的是管理者可以凭直觉做出决策，就是"拍脑袋"决策。我发现，随着业务规模的扩大、经济的衰退以及市场竞争的加剧，这种依靠直觉做出的决策出错的可能性已越来越大。说管理是科学，指的是需要管理者在对自己企业的运营状况、充分了解的基础上，以事实为基础做出决策。可见，企业的经营等于什么？经营＝实时数据＋分析预警＋判断决策。那您凭什么做决策呢？一定是以企业的经营数据、行业的发展数据作为决策的依据，绝不是摸着石头过河、跟着感觉走、拍脑门决策。我想您非常清楚，现在的企业经营已经发展到了数字信息时代，很多企业都专门设有信息分析部或者引进了BI系统也就是商业智能系统。被称为世界第一CEO的杰克·韦尔奇在自传中提出："未来的公司组织实际上将会是无层级、无边界的，是一个有更多的电子技术、更少的人员进行管理的信息网络系统，各种信息将变得加透明。管理者用于商业决策所需的大部分信息将出现在一个'数码管理驾驶舱'的电脑显示屏上，这个驾驶舱包含每一段实时数据，并在公司业务发生滑坡时自动预警。尽管可以前所未有地获得无限多的信息，但使公司高

前 言

效运作的主导力量仍然是人的正确判断和英明决策。"这句话实际上告诉了我们两个观点，一个观点是现在的企业经营一定是用数据来分析经营，另外一个观点是作为老板和企业操盘人您要懂得如何运用数据分析企业经营状况，要不您怎么能够正确判断并做出英明决策呢？

接下来是"用系统管理企业"。我们先了解一下什么叫系统，系统的概念指的是由个体所构成的相互关联的集合体，能够完成个体所不能完成的工作。"业绩倍增系统"就是一个整体的一体化匹配倍增运营系统。什么叫一体化匹配倍增运营系统呢？各位可能听过很多大师的课程，这个大师讲了这个思想那个大师讲了那个思想，我们也会讲思想。思想固然重要，说得也很有道理，但是道理懂了，怎样去做？怎样解决问题、怎样落地，怎样形成您的企业一体化匹配运营系统，这是我们要知道的核心。这个一体化匹配的运营系统就好像一块手表。我用手表做个比喻，各位戴手表是希望它能看时间、能正常运行。假设我今天给各位一块手表所有的零件，但是每个零件的型号跟这个牌子所需要的型号有的一样，有的不一样，可能是劳力士的，可能是欧米茄的，也可能是飞亚达的。大家想想，虽然我给了您全部零件，但您是否可以组装出一块手表呢？答案是否定的。因为必须是同一牌子所需要型号的全部零件才可以。

企业也是如此，必须要让企业在一个一体化匹配的系统下去运营。本来这家公司做得还不错，后来老板听从某位顾问的建议，把某个系统给改了，结果公司就乱了，原因在哪里呢？因为这位顾问并没有考虑到改的这个系统与原有各个管理系统之间的匹配程度。我们可能找咨询公司花费上百万元做了一套系统，但结果却不能落地，什么原因？系统不匹配。

　　这里的"倍增"指的是，我们所有企业家都想要创办一家可持续成长的盈利型企业，但要解决三个问题：第一个问题是倍增成长模式。很多企业家都会研究企业的成长问题，但不会研究成长的模式，而模式才是我们研究的本质，有了模式我们的企业才可以快速发展。第二个问题是要建立企业运行系统，也就是企业的管理系统。联想集团前任主席柳传志就非常羡慕万科集团的董事长王石，羡慕王石每年有大把时间去做自己喜欢的事情，比如登山、到美国哈佛学习、到欧洲考察等等。我们是不是也想像王石那样很轻松地经营管理自己的企业呢？那就必须让您的企业在系统之中运行。第三个问题是管理层能级与企业发展阶段的匹配，比如说原先我们的企业是在公司化阶段，现在已经发展到集团化阶段了，那我们还能不能用原来在公司化阶段时所用的方法和管理架构来管理现在这个集团呢？所以，当您的企业规模升级的时候，管理层的能级一定要与企业一起升级，《利润逆袭》这本书可以同时解决这三个问题，全面支持企业的经营与成长。

　　本书分为经营模式、管理技术两大部分，系统地介绍了如何"用系统管理企业"。

前 言

　　谨以此书献给业界拼搏奋斗的民营企业家们,是你们担负起了振兴中华圆中国之梦的使命!谨以此书助你们一臂之力,愿中国能够涌现出无数令人骄傲的民营企业!让中国思想引领全球经济!

杨镒天
2017年11月

Contents

目 录

上篇 经营模式

一、行业发展定位……………………………………001

二、顾客层定位………………………………………009

三、产品市场级别定位………………………………017

四、竞争力运作………………………………………023

五、产品结构定位……………………………………031

六、业绩倍增模式……………………………………045

七、销售目标管理……………………………………051

八、企业成长瓶颈……………………………………061

九、个人成长瓶颈……………………………………101

十、企业持续成长基因………………………………113

目录

十一、企业快速发展模式……………………………129

十二、构建企业战略…………………………………151

下篇　管理模式

一、组建团队…………………………………………175

二、参加比赛…………………………………………195

三、循环成长…………………………………………203

四、组织规划…………………………………………213

五、组织控制…………………………………………245

六、组织表现…………………………………………269

七、目标管理…………………………………………283

八、绩效管理…………………………………………289

附页　构建企业战略模板……………………………309

01

上篇 经营模式

一、行业发展定位

行业的发展分为六个阶段。我们投资准备进入一个行业,或者您正在经营着一家企业,那么,弄清行业处在什么发展阶段就显得非常重要了。如果行业发展阶段是在萌芽期,这个时候您进入到该行业就有可能成为"先驱",因为您的思想太超前了。而如果行业发展阶段是在发展期,您进入到了这个行业,即便经营管理水平一般也会赚到钱,我身边就有这样的例子,你感觉这个人做企业没有什么能力,但人家的企业就是赚钱。如果行业发展阶段处在转型期,您进入这个行业,即使经营管理水平很高也很难赚到钱。

我给您举几个例子,比如说中国的房地产行业,上世纪80年代末期,随着中国经济改革开放的深入,中国房地产行业进入了萌芽期,大概经过5年进入了发展期,又过了5年进入到饱和期,所以您在1995年到2000年左右进入房地产行业,怎么做都赚钱,因为那个时候正是该行业的发展期、饱和期。一个温州的老板投资2000万元做服装行业,年获利水平不到投资额的6%,也就是100多万元,而他老婆在上海买了8套房子却净赚1200多万元。现在中国的房地产行业已经进入到了转型期,这也许与中国的政策有关。假设您现在再进入这个行业,必亏无疑。再比如手机行业,中国移动于1994年3月26日成立,同年7月19日中国联通成立,这也意味着手机行业开始在中国处于萌芽期。经过近十七八年的发展,手机行业也进入到了转型期。这里所说的转型与转行可不一样,大家不要误解。转行是转作其他行业,而转型则意味着要做新的产品、要有新的技术。转型期最大的特点是，不断有新技术产生。这部分内容很重要，只有清楚地认识到了自己的行业处于什么发展阶段，才能采取相应的策略，并依据行业发展阶段制定企业战略。

下面我就针对行业发展的六个阶段的特点，以及我们将采取怎样的对策与各位交流一下。

（一）萌芽期

萌芽期的特点：

1.这个产品很难找到，很少有商家提供相关的产品；

2.产品技术不是很成熟；

3.这个时候不赚钱，很多人会成为该行业的"先驱"。

对策：把它变成附属产品，可以作为主打产品，但不要作为独立经营项目。

（二）发展期

发展期的特点：

1.需求量在上升，商家处于卖方市场；

2.供应产品的商家不多；

3.没有太多竞争对手，竞争并不激烈。

对策：胆子要大，勇敢向前，速度要快。

比如上世纪80年代初期，中国正处在短缺经济时期，那时做什么都赚钱，只要您胆子大、敢干就可以了，跟经营管理水平没有关系。到了1996年前后，中国进入到了非短缺经济时期。这个时候再投资做生意就要讲究经

营管理水平了。

（三）饱和期

饱和期的特点：

1.商家饱和，但没有过度；

2.产品不降价；

3.都赚钱，都能发展。

对策：要炒作，说出您的产品与竞争对手不一样的地方，这样可以赚到更多的钱，可以发展得更好。

（四）淘汰期

淘汰期的特点：

1.过度竞争，到处都有这种产品。降价是经常的事情。顾客有讨价还价的余地；

2.因竞争激烈，有倒闭的企业出现；

3.商家不断增加，但顾客的需求量也在增加，总的市场容量也在提升。

对策：

1.提升管理效率及产品品质；

2.做品牌，最理想的是合并收购，在这个阶段炒作已没有什么意义了，顾客经过饱和期的教育已经变得较为理性。此时做广告不是为了炒作，而是为了做品牌。

（五）成熟期

成熟期的特点：

1. 顾客已经很成熟，消费已经变得理性；
2. 选择产品已经有了一定的标准，会选择固定品牌的产品；
3. 针对该行业有三到五家是巨头型的企业。在行业中只有前1-2家很赚钱，前3-5家微赢，其余的持平或亏损。

对策：

1. 规模化经营，如果不进行规模化经营就得倒闭；
2. 如果规模不够大就要变成规模经营企业的加盟商，做大区经营。

（六）转型期

转型期的特点：

1. 有新技术产生；
2. 很多商家会离开这个行业；
3. 市场变大，但需求也有所改变。

对策：根据顾客的需求做技术转型。

比如现在的手机行业，智能手机正处于发展期，那么山寨版的手机如果转型为高级智能手机仍然可以生存，我曾在2012年8月29日看到过搜狐网的一篇报道，苹果iphone5还没有上市，山寨iphone5便已经上市了。这款山寨iphone5叫谷蜂i5，它的外观设计正在申请专利。根据国家专利局的规定，谁先申请成功，谁就将获得专利，这样该厂商就可以起诉苹果iphone5外观设计侵权了。其外观设计融入了很多目前有关苹果iphone5的传闻，比如双色后盖、4寸触摸屏等等，同时这个厂商还声称该机搭载的四核处理器为自主研发。

以上就是行业发展的六个阶段，下面还有几点您一定要清楚：

1.产品发展也是这六个阶段；

2.区域不一样，行业所处的阶段也不同；

3.每当到了转型期，也就是洗牌期，便是行业巨头出现的时候；

4.进入到一个新的行业最好在发展期进入。

行业发展阶段定位，有什么重要作用呢？

1.为我们的投资决策提供依据；

2.为企业的下一步战略决策提供依据。

02

上篇 经营模式

二、顾客层定位

弄清楚了行业处在什么发展阶段以后，现在就可以开始经营、开始卖产品了。但是在卖产品之前要不要定价格、要不要决定卖给谁？这里的基本的问题就是关于顾客层定位的问题，就是我们要做哪一类的顾客，这类顾客我们做了，那类顾客我们也做了，您想一想，能不能做所有层次顾客的生意？全世界任何一种产品都不可能。那您要针对哪个顾客群体呢？我曾经给SK公司做过顾问，他们是经营进口护肤品代理的，其客户是全国各地的美容院。当时我就问他们一个问题，如果有很多竞争对手模仿您的产品品牌，但是产品价格是你们产品价格的十分之一甚至更低，您卖几万元、几千元的产品，他们可能就卖几百元，这样会不会导致你们的业绩下降？他对我斩钉截铁地说"不可能"。他们所做的顾客不是我的顾客，而且我还要感谢他们，他们帮我免费做了广告。他们这样的概念我觉得很奇怪，后来经过研究以后发现真的是这样。您想，可以花两三万元买一个LV的人，会不会花200元或300元买一个包呢？不会，他怕影响到自己的形象，所以处于这个档次的人根本不会买另外的低档产品。

每个顾客都有一个消费档次，每个档次都代表着其支付能力，顾客每个月都会有不同的收入调整，比方说一个月有100万元的、有50万元、10万元、5万元、1万元的，还有几千元钱的。那么，他每个月要不要把一些钱花掉，进行消费，他总的可支配的收入决定着其买什么层次的产品。比如说，我们按收入的10%买同一类型的产品，假设都来买包，收入

100万元的可能会买一个爱马仕包，收入10万元的可能会买一个LV包，收入1万元的可能会买一个国内品牌的包，收入几千元的可能会买一个A货或者是普通的包。所以我们对于同一类型的产品来说，不同层级的顾客会有不同的消费需求。那么，这个顾客的层级怎样来定位呢？接下来我们研究一下五级定位法（参考马斯洛层次需求）。

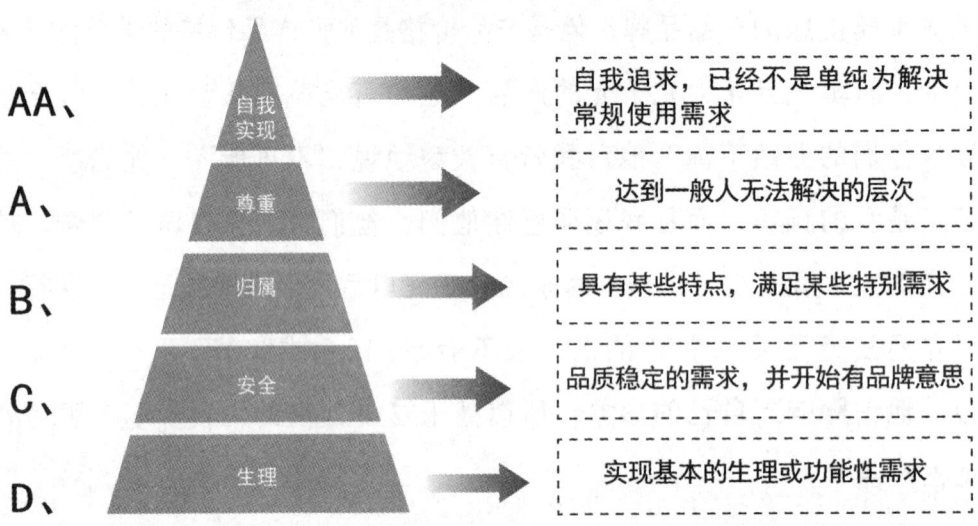

因为顾客有不同的收入，所以就产生了不同的消费支付能力，不同层级的顾客希望购买的产品是有层级性差异的，在这里我们把顾客分为五个层级。先是生理级，是满足生理的需求，有就可以了，反正我没那么多钱。第二个级别是安全，除了满足生理的需求以外，还希望拥有安

全感,所谓安全感是指产品的品质是稳定而安全的。第三个级别是归属,指产品不但要是安全的,还希望它比较好、有特色,能够满足特别的需求。再接下来的第四个级别是尊重,我比较有钱,我不希望像普通人那样消费产品,我可以花更多的钱以达到受人尊重的感觉,这是心理上的需求。比如,我们请客户吃饭,要订一个包房,要有专门的服务员服务,以实现被人尊重的感觉。最后是第五个级别,即自我实现。自我实现已不是消费一般产品的概念,是追求美学的、发烧友的概念,产品要达到极致,这是自我实现的级别。举个例子,大家知道在音响界有发烧友的音响,进到一家发烧友音响店,他会告诉您这套音响是不能听的,这套才卖20万元。真正可以听的是50万元的这套,这种人是不是我们一般的需求呢?已经不是,他一条音频线可能就要1万元、2万元,而我们买一套音响才1万元-2万元,所以这种人的需求已经不是我们一般人的需求了,这就是自我实现的概念了。

下面我以汽车行业作为例子,系统地展示一下五级定位法。这里列举了八个价位的车,现在从生理到安全、归属、尊重、自我实现,每个级别请您做一下价位的选择。

汽车业(举例)	
6万	雪弗兰新赛欧、奇瑞、比亚迪F3
9万	帝豪C7、POLO、新凯越
12万	宝来、科普兹、朗逸
18万	NG名爵、PASSAT、领驭、别克新君威
24万	迈腾、雅阁、新天籁
36万	别克GL8、克莱斯勒、比亚迪E6
48万	奥迪A4L、奥迪Q5、奔驰C级
100万	奔驰ML、宝马X5、奥迪A8

上篇　经营模式

顾客层级定位的一般性规律：什么叫规律呢？大数定律就是规律，规律是客观存在的，是不以人的意志为转移的。任何事情的背后都有规律，并且是多个规律。我们只有认识规律、掌握规律，才能很好地运用规律。

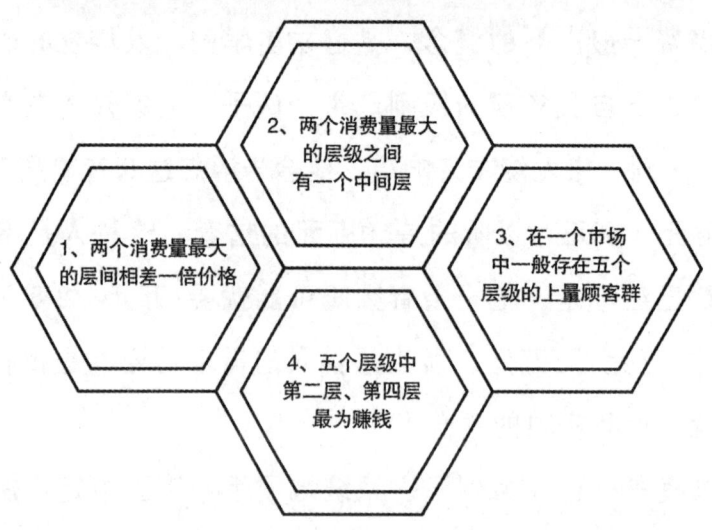

（1）消费量比较大的消费层级之间相差1倍至0.5倍左右的价格；

（2）两个消费量最大的层级之间有一个中间层，叫作死亡层；

（3）在一个市场中一般存在五个层级的上量顾客群；

（4）第二级和第四级是顾客最多的，也是最为赚钱的。

您想想，这些级别里赚钱最多的是哪个级别？A级跟C级。老板要做的事情就是把自己的企业做成最赚钱的企业，最赚钱的企业一定是做最多的客户群体。

在这里举个非常明显的例子。有一位老板在过去的一年半时间里将企业业绩涨了30倍，他是怎样做到的呢？他是在家乐福和沃尔玛超市里做产品店的，卖钱包和钥匙扣。您认为在这样的超市里面买货品的人，是ABCD哪一级顾客？C级的顾客。

所以，他在后来同我接触的时候发现了一个问题，他所卖的产品，其价位是什么价位呢？是B级的价位，然后他马上回去重新组织了一组产品，价位调整为C级的价位，三个月以后他公司的业绩涨了三倍。他就只做了这样一个定位调整，就产生了如此巨大的变化，因为他发现自己做的产品是在超市里，来超市里的人是C级顾客，有钱的人买钱包或者是钥匙扣是在品牌店里面买。所以，这个级别的产品刚好就要达到这个级别顾客的需求。所以其一下子就卖火了，整个业绩也随之好起来，在这里很重要的一点是，很多人并不清楚这个概念，即什么样级别的顾客要定什么样级别的价格。

03

上篇 经营模式

三、产品市场级别定位

我们弄清了顾客层级的定位方法之后，现在就该用顾客层级的定位方法来确定您的产品市场级别定位，该怎样做呢？

第一步：列出同行业每个企业产品价格的五级区间。您大概把它列出来，列完以后进行主次调整，大概是多少钱到多少钱的一个区间，把五个区间都列出来。在这里我要做几点说明，第一点，我们强调一个重要的概念，即什么叫竞争？所谓竞争，指的是提供同级别产品或服务的企业之间的较量。比如如家、汉庭、速8等经济型酒店，它们之间就是竞争关系，但它们与四星级、五星级酒店就不存在竞争关系。正像前面我们所讲到的概念，对于同一类型产品来说，不同层级的顾客对这个产品会有不同的消费层级。所以，您所研究的同行业必须是与您的企业是同个竞争级别的，这样您做的五级价格区间才有意义。第二点，这时不要研究您自己的企业，而是研究在您的行业中竞争对手的企业产品价格的五级区间。第三点，我们该研究几家企业的价格？最少是三家，最好是五家，这样您的产品市场级别定位才会更加准确。

第二步：确定出顾客上量区间是哪几个区间？是研究整个行业市场中人的收入已经影响到哪一个区间顾客开始上量。在您所处行业的市场中，这个地方的量已经不少了，这个地方与上一个级别相比有一点增加，但是不多，还有一个是基本上没有，这样就可进行第三步了。

第三步：利用这张表（请看下表）就可以确定出产品属于什么级别的市场了。在这里各位要清楚一点，不同行业市场的级别是不一样的

（原17页）。

五星定位法

	D类市场	C类市场	B类市场	A类市场	AA类市场
AAA					√
AA				×	√
A			×	√	×
B		×	√	×	√
C	×	√	√	√	√
D	√	√	×	×	×

第四步：确定您公司目前的产品价格定位是否准确。您的公司现在的产品都会定价格，您的产品市场级别已经确定，按照这个表，如果刚好您的产品定位的价格是在打叉的地方，那证明您的产品价格定位准确吗？不准确！那么，您公司的产品价格就需要进行调整了。如果您的产品价格定位是打勾的地方，那么，您的产品价格定位就是准确的！所以，有些老板就明白自己企业现在有问题的原因在哪里了。

这里最重要的一点就是根据顾客来定价格，从顾客的角度去设计您的经营战略。大家都知道李宁是中国运动服装第一品牌，但在今年其公司整体业绩出现滑坡，产生这个问题的最主要原因就是产品的定价出现了偏差，比如一双鞋卖300元到400元。从顾客的角度看，再加百八十元就可以买阿迪达斯或者耐克了，但阿迪达斯、耐克却是世界的品牌呀！

有一位老板问过我这样一个问题，他说:"我代理了个品牌，但是在这个市场上好像并不是这个价格，我该怎么办？"我回答有两个办法，一是换顾客，二是换品牌。想想，顾客能换吗？换不了，对不对？所以只有换您的品牌了。我们要清楚，顾客要用什么价格购买，我们就用什么价格卖给他们，这一点非常重要!

PRACTICE

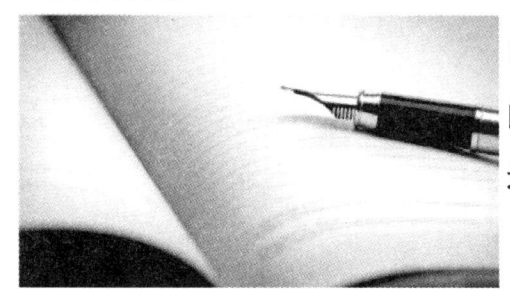

练习：以您的企业为例，请做出您企业的行业发展阶段定位、顾客层定位、市场级别定位以及产品的几个调整计划！

04

上篇 经营模式

四、竞争力运作

上篇　经营模式

弄清楚了针对我们产品顾客层次的定位以及他接受购买产品的价格，那我们就要提供产品与服务给他了，但是有一个问题，我们是"有"竞争对手的。顾客不来购买您的商品，原因是已经被您的竞争对手掠走了。我们必须要清楚，顾客购买商品是要货比三家的。那顾客有没有忠诚度呢？各位注意，顾客的忠诚，是看您是否是一个好的商家，如果您不是一个好的商家他就不会忠诚于您，所以我们面对诸多的竞争对手，一定要成为顾客首选的商家。那我们该怎样做呢？

竞争力的运作：首先是同一级别客户层定位的竞争，就是我们前面所说的竞争的概念。这方面我们必须要清楚，否则您整体的策略就会产生偏差。接下来研究一下竞争力运作结果。首先探讨几个问题，您认为世界上排在第一位的饮料品牌是什么？可口可乐。第二位是什么？百事可乐。第三位是什么？王老吉、娃哈哈、健力宝、康师傅、美年达等等，您有没有发现第一位您会记得很清楚，第二位也很清楚，但第三位就讲不清楚了。最著名的汽车是什么品牌？奔驰，对不对。但第二位呢？宝马。第三位呢？太多了。也就是说人的大脑有这样一个特性，那就是存储惯性。人的大脑在这个方面永远不会存储更多的东西，只会存储第一位与第二位的。除非其中一位有问题，我们才会寻找第三位，但是寻找第三位以后我们肯定会排除掉一位。再接下来人的大脑还有一个选择特性。举个例子，我们去买手机，每过一段时间就会发现手机的功能变化特别大，到底是买什么品牌的手机也不清楚，所以我们就在卖手机的商场逛了一大圈。最后您会得出个结论，要不买这个，要不买那个。我们买房子也是这样，最后也会寻找两个做出对比。也就是说，人的大脑在选择上就有这样一个特性，无论我们做什么事情，到最后选择时都是二选一，要不就是这个，要不就是那个。

在清楚了人的大脑的这两个特性后，我们就来研究一下竞争力运作的结果。通常在同行业中是这样，排在第一位、第二位的企业非常赚钱，排在第三到第五位的企业是微利，排在后面的企业基本上是持平或亏本。所以说，我们做不到行业第一位、第二位，顾客是不会选择您的产品的，您的产品连入围的资格都没有。什么叫入围？比如说我们看奥斯卡颁奖晚会，主持人会说到入围的最佳影片有什么什么，然后从这些影片中评出最佳影片来。也就是说，您不能成为所在行业第一位、第二位的商家，那么，顾客根本不会，考虑您的产品。

当然，每个企业都想做到行业的第一位、第二位，但问题是我们怎样做到？

我们应当研究一下基本竞争力和核心竞争力，也就是通常所说的外在竞争力与内在竞争力。基本竞争力指的是什么呢？是顾客在选择购买产品时所需要考虑的几个点。这里面大概有6到7个点，称之为基本竞争力。比如说我们买汽车的时候要考虑哪些问题？安全、价格、性能、驾驶舒适度、外表外观、内室的结构等等，好了，这几个功能加在一起，可能是6到7项左右。

再比如，我们选择买房子的时候，有没有可能第一次买房子并不知道考虑什么问题，谈了几套房子以后您会发现我们买房子要考虑几个问题，第一个问题是什么，它的位置交通怎么样？还有呢，物业的管理情况怎么样？还有呢，学区、小孩子上学的问题。还有呢？医院、商场、有没有升值的空间等等，我们要综合考虑这些问题。

好了，在这6到7个需求里面，其中有1到3项是核心需求。也就是说，是最重要的，比另外几项更重要，这1到3项就是核心竞争力。核心竞争力指的是我们企业所独有的，不易被其他企业模仿的、满足顾客需求的能力，在这里指的是我们的员工用某些特别的工作方法达到这个结果。

比如说买汽车，这个内饰可不可以感觉得到，它的动力可不可以感觉得到，外观可不可以感觉得到？这些都可以感觉得到。但问题是，这家公司为什么在这些方面比别家公司做得要好呢？它做得好的原因是这家公司内部有某个人用某种特别工作方法让员工达到了良好的结果。

竞争力运作的模型：清楚了这两个竞争力的概念以后，接下来我们就来研究一下竞争力运作的模型。首先是顾客需求，顾客之所以购买这个商品是有需求的，所以我们必须要清楚顾客的需求是什么。接下来在他的需求里面，我们从顾客的角度分析其在下决心购买的时候会考虑的6到7个方面是什么，怎样做？很简单，我们只要问您的顾客一句话，经过累积总结就可得出这个结果了。这句话就是："您在什么情况下一定会购买我们的产品"。在总结结果中，从顾客的角度所关注最多的项就是顾客的核心需求了。在我们弄清楚了顾客的基本需求、核心需求以后，就要考虑如何把这个基本需求、核心需求做出来的问题了。在这里核心的需求是需要经过运作的网络才能做出来，这个运作网络指的是通过您的关系、朋友的关系或者其他渠道，总之要找到这个人，然后由这个人培训我们的员工，再经过管理人员的管理，最后就产生了我们的核心竞争力，这样我们就会做到行业的第一、第二位了，这就是我们竞争力运作的模型。

这样做了以后，有没有可能经过分析发现我们的企业既做不出基本竞争力更做不出核心竞争力，那这个时候该怎样做呢？我们将会有一个竞争力的分析表给各位做个参考：

竞争分析表

	竞争力水平	项目得分	无法接受		无法改进		足够		好		卓越	
			1	2	3	4	5	6	7	8	9	10
外显竞争力项目	核心需求												
	其它主要需求												

首先您在这个地方要填上顾客的核心需求与非核心需求，大概是几

项，可以把它列出来。接下来是评估表，评估分为这样几个等级："无法接受"，就是这方面完全达不到顾客的需求。"有待改进"，指的是只能满足顾客的最低需求，如果能够改进就更好了。"足够"，是刚刚好的概念，刚刚达到顾客的需求，顾客是满意的、没有问题的。"好"，指的是比同行做得要好，可以成为同行的榜样。然后"卓越"是代表做得非常棒，可以有机会、有能力成为该行业第一位的商家。

搞清楚了这张表以后，接下来您要做一件重要的事情，那就是分析您及竞争对手的竞争力状况，通常建议各位找出行业前五位的竞争对手出来，那么加上您的企业就要做出六张竞争力分析表。这张竞争力分析表有什么作用呢？其作用体现在三个方面：

1.能够很清楚地知道我们企业在行业中所处的地位。

设计出表格以后就要进行评估了，应思考一个问题，您是达到了平均水平，还是达到了中上水平？中上水平，也就是每一项我们都要达到中上水平。

2.能够很清楚地知道竞争对手的状况。

3.能够很清楚地知道本企业与行业前几位的差距在哪里。

知道了差距后，该怎样改进呢？改进的方法叫作策略性行为。什么叫策略性行为呢，指的是三到六个月以后才有结果。

我解释一下，在企业里大部分人解决问题用的方法我们称之为"非特性行为"。也就是解决一个问题会用一个月、两个月，而不会用更长的时间。而只要您用策略性行为，基本上您想解决的每一个问题都能达到一个层次，但前提是您必须要寻找到核心竞争力的来源。也就是说，通过运作网络找到某个人，他可以花三到六个月把这个问题解决掉，做出您的核心竞争力来。

举个例子，假设您去做足疗。我发现一个问题，哪怕这家店装修得不好，但是如果按摩的手法好的话，我们愿不愿意到这家店里做足疗？愿意！我们在很累的时候可以做个足疗放松一下。假设有两家店，他们按摩的水平差不多，但是有一家店的老板通过学习知道了该运用策略性行为，决定花六个月时间把这个按摩的手法改进可不可以呢？他一个月只找三个穴位，把它改进得更好，这样六个月下来就会有18个穴位可以改进得很好，这时候该店按摩的手法会不会比另外一家店好？

接下来呢，另外一家店的老板知道那家店比自己做得好，他会不会也改变自己的按摩手法？他会培训一个月，培训一个月能不能达到那家店的水平呢？不能！这时候，他再培训一个月，他做第二个月还做不到，他有可能再培训一个月，第三个月他再做不到的时候就放弃了，为什么会放弃？因为其没有通过学习，而只会使用非特性行为模式。

05

上篇 经营模式

五、产品结构定位

（一）产品结构运作

通过竞争力的运作，我们已经成为排名第一、第二的商家了，顾客已能经过对比觉得您公司的产品最好，来购买您的产品了，但问题是，同样的顾客数到底会产生多大的业绩呢？这就是产品结构要解决的问题了。举个例子，比如一位女士想买一支润肤霜，她到了商场的化妆品柜台后，服务员告诉她，这个润肤霜配晚霜使用效果会更好，白天使用润肤霜还要用这个粉底来防晒，如果使用这个眉笔、这个唇膏，整体化妆效果会更好，这是一套产品。这位女士本来只想买一个润肤霜，但最后可能会买一套化妆品回来，如果您是女士有没有遇到过这种情况？

所以，不同的产品结构会产生不同的结果，您有没有发现在麦当劳里卖的产品，其菜式大概只有20款左右，任何一家中餐厅的菜式都要比麦当劳多，但是代不代表每家中餐厅的营业额都会比麦当劳高呢？所以说，产品结构的意义在于，要让顾客多买产品、消费多。而并不代表产品项目越多就越好，它必须要有一个结构。产品结构的规划对于一家公司来说是非常重要的，如果做好产品结构的规划，您就会发现自己的企业业绩会成倍增长。

现在我们以服装行业为例来讲述一下这其中的原理。各位可能会发现传统服装店已越来越少，现在都被一些新店替代了，那是专卖店。为什么服装行业是专卖店替代了传统店呢？

我们一起来研究一下，是传统店的服装款式多还是专卖店的服装款式多？是传统店。那为什么专卖店的服装样式少，反而营业额会高呢？代表这两种店的产品结构一样不一样？不一样！也就是说良好的产品结构会导致更高的业绩。

在传统店里面，虽然它的服装款式多，但是服装类别多不多？不多，您有没有发现T恤有很多T恤、裤子有很多裤子，但它只是同一种类别中的款式更多而已，而专卖店里虽然整体服装款式少，但是类别却很多，这是这两种店最大的区别。

常规产品：就是我们设计一组产品，这组产品是依据顾客需求的完美结构设计的。什么叫完美结构设计？就是说这个设计是根据所有顾客的需求，而不是针对某个顾客的需求。对于很多顾客来说，当把他的需求全部列出来的时候，顾客至少会买里面的一件产品，就称之为是完美结构设计。也就是说，任何一个顾客只要对这种产品有需求，在价格合适，竞争力也不错的前提下，顾客至少会买其中的一件产品。如果我们常规产品做得好的话，代表顾客是会百分之百成交的，至少会成交其中的一个项目。

举个例子，我曾经给一家儿童服装公司做过产品研发。它的产品销售对象有大童、中童、小童、男童、女童等，总共有六种。我让他们每一种都找两个代表儿童出来，这样就有12个儿童了。要求这12个儿童的家庭收入水平是在中上水平，当然这与我们的产品定位是相关的。我让孩子的父母每个月必须来厂里一次，讲出在未来的几个月时间里他们的

孩子要出席什么场合，穿什么样的衣服，然后给他们免费设计、制作，所有的东西都是免费的。那各位想，这12位儿童父母愿不愿意配合？非常愿意。

后来我就得出了一张表，这张表的结构是这样的，首先会有儿童出席的场合。您想想，儿童会出席什么场合呢？有学校、运动、休闲、娱乐等等场合。有没有正式的场合？有的，可能是婚宴之类的场合。各种场合我都会设计出所需要的各个类型的服装，有上衣、裤子、裙子、袜子、短裤，还有帽子。从头到脚，该有的都有了。我让设计部根据这12位儿童出席的场合，全部设计出6套服装来，当全部设计好的时候就形成了一个项目结构。

您想，如果您是儿童的父母，您的孩子在什么场合出现，这里是不是都有对应的衣服，您进到这家店里会怎么样？您把整套衣服都买下来就可以了，是不是这样的概念？但是如果没有这个项目结构，我们作为父母该怎么办呢？会在这家店里买一件上衣，再逛几家店配条裤子，是不是这样？这里重要的一点是，这个项目结构是针对您的需求定制的，我们已经全部研究透了。然后，我们设计好方案来解决您的问题，这是一个重要概念。

当下产品：当下产品就是时下最流行的产品，就是本年度上量的项目，它通常是两三年前开始出现的，而最近却发现喜欢的人越来越多，有这种趋势。那这时候要不要做这个项目呢？您如果不做这个项目，这个钱您就赚不到了。

比如一开始手机有照相功能的时候是不是每个人都会买呢？并不是。但经过两三年后我发现了一个问题，所有人都会买带有照相功能的手机，所以这个时候您的手机产品里面如果没有照相的功能就会有问题了。

领先产品具有如下特点：

首先是真正领先的产品，也就是您公司做的这种产品要比其他公司好很多。我解释一下，这种产品叫作招牌菜，如果您进到哪家餐厅没有吃招牌菜的话，就等于没有去过那家餐厅。比如我们到北京全聚德吃饭，要点什么菜？当然是烤鸭，这就是招牌菜的概念了。

其次是大额项目，大额项目有两个衡量标准。

第一个：它的要求非常高，一般企业不能提供这个产品；

第二个：收费极度昂贵。它所起的作用是，首先是用于为您的公司打品牌，会让顾客认为您这家公司很厉害。另外，它的利润率也非常高，您只做一个顾客可能就等于做几家店的业绩。我再给您举个例子，我曾经给一家珠宝公司当过顾问。通常卖珠宝是在一家大的商场里面，有很多家珠宝商和很多柜台，当时我让他做一个领先的产品，就是18万元的一个钻戒。我们在柜台旁边拉上横幅——18万元钻戒售卖。想个问题，第一点，我们没有钱买上万元的钻戒，可不可以去看一下？第二点，不买这个18万元的钻戒，可以买柜台里6000元、8000元的钻戒。第三点，顾客的感觉，是有18万元钻戒的那家店实力强，还是没有18万元钻戒的那家店实力强？

所以这个项目是非常重要的，一旦各位拥有这个项目的时候，您会发现自己的实力会无形中得到增强。最近我在新浪微博上看到过一篇文章，说的是长春市万达广场有个商家推出一款婚礼蛋糕，这个蛋糕共有9层，高2.1米。蛋糕上面镶嵌有99只天鹅、955朵雏菊，标价为1999998元，想要这样一款婚礼蛋糕需提前三天预订。婚礼当天会有专人开着劳斯莱斯送到府上。您想，一个正常的婚礼蛋糕也就2000元左右，相差了近一千倍！所以，我们就是要设计一个产品结构，一定要是整个竞争领域中收费最贵的产品。

再解释一下，因为这样做的话顾客就会认为您家公司是最厉害的，这个我们称之为是您企业的"登月计划"，早期美国同苏联都在竞争策划登月计划，谁把这个登月计划做好了，就代表这个国家的科学技术是最高水准的。最近中国神九上天与天宫一号对接成功，也等于是中国在告诉全世界70多亿人，中国的科学技术是领先于全球的，跟美国是一样的。这个概念是这样的，无论您做得成功不成功都不重要，您敢做这件事情就证明您已经有实力了，至于做不做得到是另外的问题。

举个例子，各位有没有发现丰田公司为了提高其产品品牌，做了一款车叫作雷克萨斯460，是和奔驰S600、宝马760、奥迪A8同一档的车，售价近460万元，假设各位要买200万元的车，您是买奔驰S600、宝马760、奥迪A8呢，还是买雷克萨斯460呢，它为什么要这样做呢？

它一开始推出凌志车的时候就有这样一个要求，凌志车所有的指标都要比丰田车好一倍，这个车一出厂就卖火了。其实，这么做最重要的原因是能够导致整家公司的实力向前发展，这一点非常重要！同时各位想个问题，当领先产品出现的时候，有没有可能某个人会发神经买这个18万元的钻戒、买这款20万元的婚礼蛋糕？山西有个煤老板给儿子办婚礼花费了7000多万元。那他买这个18万元的钻戒、这款20万元的婚礼蛋糕就太平常了。这里的重点是您只做了一个顾客，就会发现公司这个月的利润可能就提升了几倍。这就是领先产品的魅力！

先锋产品：先锋产品的目的是创造客流量。它的产品定位是这样的，第一个是单价比较低的产品，第二个是绝大部分顾客都需要买的产品，第三个是占总体营业额比例并不大的产品，第四个是具备领先竞争对手的核心优势！

我们在做这款产品的时候，通常定价会定得比较低，甚至让顾客觉得太便宜了。当顾客觉得非常划算的时候，我们就可以在这个地方对他进行下一步的销售了，您要清楚一点，顾客一旦消费了入门项目以后，我们之间的信任度就可以建立起来，有信任度的顾客才有可能消费常规的项目、当下的项目甚至是大额的项目！举个例子，有没有见过沃尔玛超市里面经常会出现大瓶可口可乐只卖5元的现象，家乐福超市里面鸡蛋价格比任何地方卖得都低，有没有这种状况？那您进去以后会不会只买一瓶可乐、二斤鸡蛋呢？很少对不对，您还会买其他东西，这个就是当下项目的概念了。我曾经有个朋友，他开了一家KTV，刚开起来时生意并不怎么样。他想投钱做广告，然后征求我的意见，我问他，您要投多少钱做广告？回答是十万元。我给他这样一个建议，您不用做广告。您请所有的朋友还有朋友的朋友来免费喝酒，一个月全免费，一个月以后就等于做广告了。结果他的酒吧天天爆满，甚至连预留位置晚了都会没有位置，KTV外面放的啤酒箱像山一样高。这时我的朋友却眉头紧皱，什么原因？赔钱赔的。遇到朋友来了，还得笑脸相迎，但过一个月以后还是天天爆满。因为这些人对KTV已经有了信任度，已经形成了习惯。另外，中国有句老话叫作"吃人嘴软、拿人手短"，免费时您天天来，现在收费了，您不来了那还是朋友吗，还叫人吗？所以说，现在整个KTV的业绩非常好。

那我们把所有的项目组合到一起，您会发现顾客一进来就会有产品成交，这就是一个完整的项目结构。所以说，所有老板都必须设计出您企业的完整的项目结构，这样您企业的业绩就会提升起来。

（二）产品研发规则

有了产品结构以后，我们要做的事情就是把产品生产出来，因为我们做经营最终是要卖产品的！那么，在生产产品之前首要做的就是研发产品，接下来就讲解一下产品研发时应注意的一些规则。

产品细分结构完整规划：也就是说我们的产品结构要丰富。如果我们的产品结构不够丰富，就不能满足顾客的所有需求，尤其是常规产品

上篇 经营模式

必须要丰富，所以我们应研发出系列产品来。

产品分类强项体现竞争力：也许我们觉得某款产品很好，但是如果没有把您公司的竞争力体现在产品里面，没有让顾客感受到您公司的强项，您的产品研发就是有问题的，那么该怎样做呢？要把您公司的竞争力体现在更多的系列产品里面。举个例子，各位认为美国苹果公司的产品强项是什么？是设计和材料！那么各位认为，苹果公司的各种产品给了我们怎样一种感觉？完美！是不是这样，无论是iphone手机、ipad本子、还是MAC笔记本电脑，带给我们的感觉就是两个字：完美！这就是苹果公司设计强项的完整体现，乔布斯一生的追求就是完美！

大样本调查：当我们研发出了产品以后，那这些产品到底能不能被顾客认可呢？这个时候我们就要做一件事情——调查！调查常用的方式叫作大样本调查。

大样本调查是这样运作的，通常要调查500份以上问卷，找一些大学生，每个人给100元、200元，让他们帮我们找到我们的目标顾客。接下来，目标顾客只要愿意接受调查，就会赠送他们一个礼品，可能是100元、200元的礼品，他们就会把您的问卷登记完。当搜集回来500份、600份问卷后就要挑选了，有100份、200份问卷是无效的，剩下的300份问卷是有效的。分析人员经过分析，最后就得出了结论，如顾客接受的价位是什么价位，这个款式的需求在哪里、功能接不接受等等。就是我们前面讲到的顾客基本需求和核心需求，这些方面都需要调查，

最后得出较完美的结论来！但是用这个方式做调查有个问题，您可能会发现要做500份问卷，每份问卷要给大学生100元到200元，是不是这方面要产生5万元到10万元的费用？另外礼品也需要5万元到10万元的费用，这样做该调查费用就要20万到30万元，所以各位想这么高的费用，一般的企业愿不愿做？答案是：不愿意。

深度访谈调查：我给各位介绍一个新的调查方式，用这个调查方式只要5000元就可能做得很好，这个调查方式叫作深度访谈调查。您大概找到8到10个目标客户，然后与产品研发人员一起来针对我们研发出的一个新品举行一个研讨会，时间大概是三个小时左右。凡是参加研讨会的人都会获赠一些礼品、探讨的时候很简单，就是针对这个产品的价位怎么样、设计怎么样、功能怎么样等等来提问题。您可能有10个重点，每个重点要求每个人都要发言。问您一个问题，是这个深度访谈调查方式的精准度比较好，还是大样本调查方式的精准度比较好？是不是这个方法更好些？而且您可以更深入地提问，比如他觉得这个产品不好应该怎么改，是不是都可以问？研讨会结束以后，您就知道自己的产品问题在哪里了，这个过程叫作深度访谈调查。基本上有几千元就可以达到效果，甚至比其他的效果会更好。

产品概念设计：产品规划完，接下来就要做出样板了，在这里我们要清楚这样几个方面，首先是概念设计，概念设计指的是产品研发人员超常规想象的体现。比如参加车展会看到概念车，这就是超常规想象的现实而且这个想象未来有可能会成为现实，成为当下的产品！一旦成为现实，那么您的企业就会成为行业的领跑者，所以我们要给自己的产品研发人员一个放大想象的空间。

产品款式设计：样品规划完，就要设计出各种款式的产品了。如果设计能力不高，就要进行模仿创造，通常我们会模仿行业前五位的企业。在这里要注意一个问题，有没有可能一个企业是行业第一位，但不是产品设计最好的，有没有可能是行业第三位、第四位的企业，产品设计得更好？所以，这个时候我们就会在行业前五位的企业里寻找这方面的内容，比方说有很多服装公司，假设其产品定位是在中国的一线城市，那么他们往往有可能会去欧洲或者美国找样板，如果他找的样板非常好，就把所有这个品牌的产品买回来，然后进行模仿。但是纯粹模仿没有持续性，如果全部模仿就是抄袭了，所以要根据产品需要的某些方面，把这些方面全部模仿过来。

标准组件的设计和原材料的设计：要想效果更高就要进行标准组件的设计和原材料的设计。关于标准组件设计我们来举个例子，我们帮助一家童装企业设计童装。童装有两个特点，第一个是款型，第二个是它上面有很多公仔。我发现童装上面有公仔会更好看些，也会更好卖。通常一位设计师既设计款型，又设计公仔，工作效率就会低下。后来我们就把这个工作流程分成了三组来做，第一组设计款型，第二组设计公仔，第三组是做什么的？就把这两个方面合在一起。一组设计了五个款型、二组设计了五个公仔，那么这样就可以组合成几十款这样的衣服了，工作效率就非常高了。

最后是原材料的设计：您的公司一旦做好了原材料设计，那么可以说您公司的竞争力就非常厉害了。由于原材料的不同可以形成很好的区隔，形成您企业独有的竞争力，让竞争对手想模仿都模仿不了。

PRACTICE

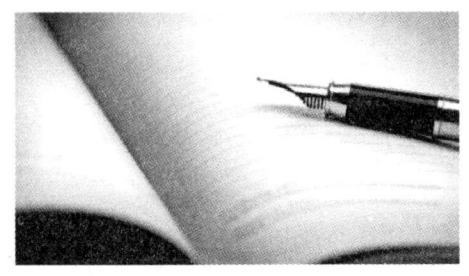

练习：以您的企业为例，请做出您产品的基本竞争力（6-7个点）、您产品的核心竞争力、您产品的结构设计（设想、规划）。

06

上篇 经营模式

六、业绩倍增模式

上篇 经营模式

（一）业绩倍增模式应用

经过产品研发阶段后，我们就要做出具体的产品了。有了产品以后，就开始出去卖产品了。在售卖的时候我们希不希望卖得很多很多？接下来就应研究业绩倍增模式的四大模块：顾客开发模块、新客服务模块、常客服务模块、传颂服务模块！

顾客开发模块：如果顾客开发做得好，就代表您公司的新顾客会越来越多，新顾客越来越多，我们就要提供产品和服务给他了。接下来是新客服务模块，当新顾客觉得您公司的产品和服务非常棒的时候就会非常满意，满意以后就会考虑长期购买您公司的产品。这样新顾客就会成为您公司的常客，所以新顾客服务模块是非常重要的。

常客服务模块：首先我们要清楚一个规律，这个规律是常客会产生80%的业绩。新客会产生20%的业绩，所以针对常客应采取特别的服务，想办法让他们经常光顾。比如说，可以给常客办一张会员卡，在其再来购物时给予一定的折扣或者分析他每月的消费情况，达到一定额度时可以赠送一些礼品，这样顾客就会长期在您的公司进行消费了。如果您公司的产品和服务品质非常好的话，顾客长期满意，他就会介绍顾客给我们，所以要有意识地做一件事情，就是必须让您的顾客满意并进行传颂。那么，您公司让顾客满意的服务品质就显得尤为重要了！那该怎样提升服务品质呢？下面我会为您提供一些具体的方法，这个方法叫神秘顾客！神秘顾客等于找个镜子完整地照一遍您的公司服务，看哪里有问

上篇 经营模式

题。一般来说，每个月您都要找一些神秘顾客，可能是两到三个人，可能是新顾客，可能是老顾客，可能是老板的朋友或者是高层的朋友。他们如果发现员工服务有问题，这个员工就得被罚款。那么，各位想想看，对于员工来说，如果他知道公司有这样一个安排，当每一个顾客到他身边的时候，他知不知道是否是神秘顾客？他不知道！所以他要不要对每一位顾客都热情周到地服务？要！对不对？所以，您公司的服务品质自然而然就提升起来了。这时您会发现，我们的常客就会介绍新顾客来，然后新顾客成为常客再介绍别的新顾客来，这样我们企业的业绩就提升起来了。

但是我们发现业绩并不是很好，或者过一段时间业绩不能更好的时候，这时就证明您的企业业绩倍增系统有问题了，因为如果是一个完整的业绩倍增系统的话，那么顾客就会不断增加，甚至会增加到客满的程度。所以这时您就要分析一下，看看整体业绩倍增系统里面的哪一个模块有问题。假如我们的产品和服务没有问题，但就是新客太少，是哪个模块有问题？顾客开发模块有问题。新客的量也没问题，但新客来了不成交，或者成交以后没有成为常客，是哪个模块有问题？新客服务模块有问题。新客也成为常客了，但他来购买的次数少，转介绍率也低，是哪个模块有问题？常客服务模块有问题。所以各位要清楚一点，当您的业绩倍增，系统的某一个环节有问题时，就代表您企业的业绩不能持续地提升了。我们要建立一个完整的业绩倍增模式。

（二）业绩倍增秘诀

这个秘诀是，假设我们的业绩扩展流程加起来有八个环节的话，如果我们的工作水平每个环节提高10%，第一个环节提高10%，等于1.1；第二个环节提高10%，等于1.21……到第八个环节的时候就等于2.1436左右了。这时候就是涨了两倍了。各位注意：在每一个环节提高10%的水平的时候，有没有发现整体业绩会提高多少呢？一倍。

我在帮助企业提升业绩的时候，只是把其中核心的两三个环节，每个环节提高20%-30%的比例，这样整体业绩就提升100%了。这是一个非常重要的概念。一旦明白这个道理业绩翻倍就指日可待了。我们来思考一个问题，业绩增长一倍以后，利润会不会也增长一倍？其实可以增长三倍，甚至更高。因为当您的业绩增长的时候，请问您的成本有没有降低？也就是说当您业绩增长一倍的时候，您的利润就可能增长了3到4倍以上。

举个例子，曾经有一个非常厉害的管理人员，他叫福特，福特被认为是美国传奇性的人物，他在1901年的时候就发明了世界上第一条汽车自动生产线。这一发明使汽车的成本极大降低了，而且生产效率大大提高。由于汽车成本的降低以及生产量的增加，他创造了一个奇迹，就是当时一个美国人一年的收入就可以买到一辆汽车了，用现在的概念来说，我们普通的员工如果一个月收入是1000多元，一年1万元到2万元左右就可以买一辆汽车。在一百多年前可以达到这种程度，是非常厉害的。

当时美国人的收入不是很高，人们开汽车只要有就可以了，是生理的需求。后来随着美国经济的发展，人的收入越来越高，所以当他再买汽车的时候就有不同的需求了，但是福特这人非常自我，仍然只生产一款黑色的车。当时还有一家汽车公司，就是通用汽车公司，他们就根据顾客的需求生产出了不同颜色、不同款式的汽车，所以营业额很快就超过了福特公司。老福特去世以后，他的儿子小福特当上了CEO。小福特上任以后做了一件非常重要的事情，他要求所有的部门提高10%的工作水平，哪个环节有问题他就开始调整，结果没过多久，福特公司的营业额就超过通用，又成为了美国第一大汽车公司。

07

上篇 经营模式

七、销售目标管理

上篇 经营模式

（一）销售数据分析

有人说销售目标很难管理，经常是制定了目标却达不成，各位想想是什么原因呢？其实并不是目标达不成，而是我们没有做一个可达成目标的计划！那么，该怎样做一个可达成目标的计划呢？

首先，我来举个例子，在一家商场的一楼大堂有一家音响店，他们每天也要定销售目标，假设这家音响店一个月的营业额是30万元，那么，这家音响店每日的目标应该怎样定，定多少？

比如说今天定1万元的营业额，那您想想，今天会不会达到1万元的营业额呢？不一定，所以这个目标计划是没有用的。后来我就给了他一张表（下面内容里有）。我们要研究一下这个业绩产生的流程，假设我们这里就是那家音响店，这里有很多音响，我们在每一套音响前面会放一些椅子，让顾客坐在那儿看电影，因为一旦他坐下来慢慢看，请问他有没有兴趣了解下去？有兴趣。当他坐下来看电影的时候，这时候店员要演示一个完整的过程给他，就是美国的大片，这个子弹声音从左耳朵进去、从右耳朵出去的感觉。请问，如果您在家里看电影，也是这种感觉好不好？这是家庭影院！当顾客看得很不错的时候，觉得这个感觉也很好，这时候生意就开始促成了。生意促成的时候通常首先会测信号，这时候会问顾客，您家的客厅有多大的面积，这套音响是适合40平方米的面积，那套音响是适合30平方米的面积，您要不要听一下？如果顾客愿意跟他交流客厅的面积是多大的时候，请问他有没有购买信号？如果顾客说等一下再说，就证明他没有购买信号了，这个时候店员就可以再接待其他顾客了。如果顾客说客厅面积是30平方米的时候，这时店员就会拿套新的音响给他演示一下，如果这个时候顾客没有反对，代表他就会买下了。这样就会成交，又达成了一个业绩。

这家店有5个店员，我们就要求这5个店员每天来填报这张表(请看表)。第一个是数据，数据代表每个人做的事情，然后还有转换率，就是有多少人进来，在这些人中剩下多少人围观，又剩下多少人坐下来，这里是有比例的。然后我们就要进行数据的分析了。

销售数据分板

产品	数据	转换率	分析
进入商场人数			
围观人数			
坐下来看电影人数			
完整演示介绍人数			
促成人数			
成交人数			
营业额			
客单价			

数据代表什么？数据的绝对值直接导致业绩的产生，16天以后，我经过数据分析得出了这样的结果：5个店员，每个店员找1个人坐到里面看电影，就会有1人成交，这样5个店员就有5人成交，假设一套音响是2000

元,那这家店每天就有1万元营业额了,是不是这样?但是如果做不到这个数量的话,这1万元的营业额就会完不成,这是有数据比例的,只要店员找的目标顾客是准确的,就不会有太大偏差。当您的总业务指标达到某个人数的时候,您就会发现自己的业绩可以达到某个目标。

(二)数据转换率的应用

刚才讲的这个数据分析除了可以知道要如何达到这样的业绩,还有什么其他作用吗?这个作用非常重要,它体现在三个方面:

1. 数据代表着员工的工作量。假设您在北京开了一家这样的音响店,那您要不要到北京去看他们做得怎么样?不要!您每天只要让他们填报这张表,就知道每天有多少人在店门口围观、多少人坐下来看电影、最后有多少人成交了。这里有很多业务指标,如果这个店员连基本业务指标都没有做到的话,就代表这个店员没有很好地工作。

2. 转换率代表着员工的工作能力。转换率高,也就代表这个店员的工作能力比较高!转换率低效率低,也就代表这个店员的工作能力比较低。同时各位也会发现,每个员工在每个地方做得好的概率是不一样的,有的人找的人比较多但是成交却很差,那就有可能是他在这个环节的销售能力比较差。所以,通过这个数据表您会发现哪些人在哪个环节比较薄弱,您就可以对他这个环节进行专门的培训了!

3. 转换率可以衡量管理人员的管理能力。比如您北京的店,他只要把这个表传给您,请问每个店员做得好不好您是不是非常清楚?当这个店员在这个环节做得不好，这时您就让业务经理来指导他、督促他。一周以后会有新的数据，如果这个店员在这个环节的数据比例没有改变，那么这个业务经理就存在问题了，也许他根本就没管，也许他培训的能力不行，您就要采取相应的策略了，这就是数据的管理。

（三）年度销售目标分解匹配标准

对于老板来说，最重要的是管理企业年度目标。首先要把年度目标分解下去，下面我们以一家美容院为例，来说明一下年度目标分解的匹配标准。假设这家美容院一年的营业额是240万元，我们就会分成不同的季节。有旺季、淡季，一般最淡的月份大概是2月份，因为这个月份有春节，也有一些行业这时是最旺的季节，在这里我们只是来说明一下目标分解的匹配标准(请看表)。

年度销售目标分解匹配标准

1	2	3	4	5	6	7	8	9	10	11	12
淡	最淡	旺	旺	一般	淡	淡	一般	旺	旺	一般	一般
16.7	4.0	25	28	20	16.7	16.7	20	25	25	20	20

通常一般的季节就相当于平均营业额，年度总目标除以12个月就是平均营业额。那么，旺季是比平均营业额要高30%左右，淡季是比平均营业额要低30%左右，最淡的月份为平均营业额的1/2。这样，我们就可以分解年度目标了。当然，您也可以将自己企业三年的销售状况与行

业发展水平相结合来分解年度销售目标。

（四）销售业绩增长途径

目标分解完，我们就要设法达成目标。对于整个业绩来说，有很多的业绩增长影响因素，其中有三个方面影响是最大的，称之为三大业务指标：一是顾客的人数，二是消费的频率，三是客单价。营业额等于客户数乘以消费频率乘以客单价。

所以，增加业绩有三个途径：一是增加顾客数，二是提高消费频率，三是提高客单价。增加顾客数就要增加业务人员，这样顾客数就会增加，或者是增加营业面积、区域市场，比如说我们增加更多的店铺、开通新的区域。增加消费频率就在产品、活动上做文章，让顾客频繁到店里来消费。提高客单价，可以通过增加服务的价值或者提升产品的价格来实现，同样的顾客数产生的业绩就会提高。

（五）年度销售目标达成策略

有了这个基本概念以后，我们就要做年度的消费研究了。我们要研究全年的客户数、消费频率，并且根据数据分析来发现业绩提升的方向，最后制定出提升的策略方向来。

这里我举个例子，比方说我们去年的销售额是200万元，这200万元是因为我们有100个顾客，他们每个月消费两次、每次是1万元，所以整体上就产生了200万元的销售额。假设今年定的年度目标是翻一倍的业绩，达到400万元的销售额，那么各位想想原来的销售额是不是要加倍了？但怎样加倍呢？第一个可不可以通过增加顾客数来增加，比如说我们整整增加了100个顾客，这样就能新产生200万元业绩。也有可能是这样，我们只增加了50个顾客，但是提高了顾客的消费频率，由原来的两次增加到了三次。然后每个月客单价提高到1.5万元，这个时候我们发现也能新产生225万元的业绩，也就是说要新产生200万元业绩我们有三种途径：增加顾客数、提高消费频率、提高客单价。

那么年度销售目标该怎样达成呢？全年的销售计划一般要3倍于目标营业额空间。什么叫3倍于呢？比方说200万元销售额要提升到400万元，我们要不要确保达到呢？要确保的话就要制定600万元销售额的计划。因为顾客数虽然增加了，但并不是所有的顾客都会增加消费频率，这样就不能确保计划是百分之百达成的。同时，400万元的计划与600万元的计划我们所投入的人力、财力、物力、时间、资源等等力度绝不可能是一样的。所以，如果要确保年底销售目标达成就要3倍于目标营业额空间，目标是计划出来的，实际上我们协助一些公司完成其业绩计划往往会做三套方案，而且三个计划要同时进行，也就是说我们有个方案做顾客数、有个方案做消费频率、有个方案做客单价，三套方案，有任何一个方案做出业绩来，这个业绩都是翻倍的。同时，有没有可能三套方案都是只完成了一半？所以这个业绩翻倍是确保实现的。

（六）季度销售目标达成策略

制订季度销售目标策略的方法与年度是一样的，但是季度比年度相对

而言会更准确,所以只要比我们定的目标高1.5倍到2倍就能够确保达成。同时,在季度销售计划里面要确定一下季度的主打产品。我们很多企业是这样的,往往季度的主打产品是当下的项目,其实各位要注意,常规项目可能比当下项目更重要。但是得有一个主体的销售重点,因为对于一家企业来说,它肯定有某一些业绩是比较重要的,也就是说这个季度里面业绩薄弱的地方是哪方面,这个时候要根据业绩的重点来策划整个季度的促销策划方案。接下来我们就会把各种计划做成执行计划,让我们的下属去执行,包括客户数是如何达成的、消费频率是如何达成的、客单价是多少、促销活动该怎么做,以及销售的工作计划、工作量、人员数、每名员工要完成多少业绩、转换率是多少等等。一般来说,要提前两个月做计划,提前一个月做准备工作,这些都是我们需要注意的问题。

(七)月份及周销售目标达成策略

月份及周销售目标主要是通过加强管理来达成的。但有个问题,很多行业会发现,能不能把每月1日当成一个月的开始呢,比如有的行业是这样的,销售对象是普通打工的人,他们10日到15日左右是发工资的日子,发完工资以后才会有消费能力,所以消费期就在15日到30日之间,我们要根据每个行业的情况去划分月历。接下来我们就会把一个月份的消费计划落实到每一个人身上,要有顾客分析体系,主管要同所有的员工一起分析每一个顾客的情况,您有10个顾客,有5个顾客可以销售、有5个顾客不可以销售,这时候就准确了,就可以落实到每个人的

上篇　经营模式

头上了。您会发现一个问题，如果整个业绩达不到我们这个月份目标1.3倍的话，那么这个月的业绩就达不成。如果我们的计划是达成20万元销售额，那么要定为26万元才可以，20万元要乘上1.3倍，这是确保达成的基本策略。

PRACTICE

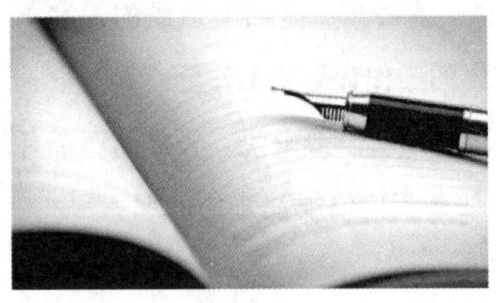

练习：以您的企业为例，请做出您产品的季度销售目标达成策略。

08

上篇 经营模式

八、企业成长瓶颈

上篇 经营模式

（一）成功因子

首先我们来探讨一个问题，是不是任何企业都可以快速增长，而且发展成一个事业呢？答案是这样的，您只要做出成功因子，您的企业就可以成为一个事业。这里首先讲个非常重要的概念，那就是关于成功因子的概念。什么叫成功因子呢？成为成功因子有三个条件，第一个条件是它是一个工作的组合，第二个条件是它会安排顾客所有的需求包括产品及服务，第三个条件是做到成功因子的标准，就是达到顾客满意转介绍。

那么，怎样才能做出成功因子呢？我们在竞争力运作一章中曾提过，要做出核心竞争力来，必须是通过运作关系网络找到这个人，既然这个人能够做出核心竞争力，那么可不可以运用策略性行为做出成功因子，然后给员工进行复制，复制了之后企业就可以变大。

（二）企业成长瓶颈产生的过程

首先，企业要想规模变大，就必须做出成功因子。成功因子做出来以后，就可以给员工复制了。您想想，如果员工都按照这个标准去做的话，请问这个业绩会不会很好，企业的规模会不会变大？但是有一个问题，事情并不是这样的，我们给员工培训完了以后，有没有发现，有时他并没有按照那个版本去做，或者有时候他把您的版本改变了，这时候就出现了例外。

例外叫作意外事件，意外事件其实就是管理人员要做的管理的事情。如果您的管理人员可以把意外事件都解决了，这个时候企业就成长了。企业成长的外在表现是顾客人数增加、员工人数增加，这时候我们要注意这样一个概念，您具有开一万家店的财力，但是您并不具有同时管理一万家店的能力，我解释一下，有了成功因子，是不是就有可能把企业变大，但是为什么没有变大呢？这个时候其实您的规模是同请了多少管理人员没有关系的，是同管理人员处理意外事件的能力有关系的。

如果我们请的管理人员能够解决意外事件，就代表我们可以开第二家、第三家店。如果每个管理人员都可以达到这个能力，我们的规模就会变大，但这只是员工的意外事件，管理人员是不是也有意外事件？当企业规模不断变大的时候，管理人员也会不断增加，那么管理人员意外事件的量也在增加，这时就产生了企业瓶颈。管理人员的意外事件也要解决。所以，这时就要下放管理权力，找更高级的管理人员来管。如果高级管理人员能够具有解决这些意外事件的能力的话，代表我们的规模就可以继续变大。所以说，阻碍企业规模变大的最主要原因是什么呢？是一个人的能级问题！

（三）个人成长能级系统

个人的能力是有级别的，企业成长了，要求用人的能级也要与之相匹配。一个人的能级可以分为：职工级、职员级、主管级、管理级、经营级、战略级、整合级。每个级别一年的总收入大概是这样的，

上篇　经营模式

职工级是1万到2万元左右、职员级是2万到4万元左右、主管级是5万到6万元左右、管理级是8万到16万元左右、经营级是30万到50万元左右、战略级更高级了，大概是100万到200万元左右，整合级可达到500万到600万元左右的年收入。这个就是他的能力级别，靠这个能力可以赚到这个钱。

（四）特征能力

特征能力：特征能力是一个人最重要的能力，是对事情变化复杂程度的感知、分析、探究、研究、求解以及有方法解决的能力。如果有意外事件产生了，首先他要敏感地感知到这个意外事件。当他感知到以后，他会判断、分析、研究、寻找解决的方案，而且真正能把这个问题解决掉。不同能级的人，感知及解决复杂问题的程度是不一样的。

（五）个人能级特征能力

职工级与职员级：职工级叫体力工作者，正常的人就可以做这个工作，不需要特别多的知识。职员级就叫知识工作者，需要一年以上的专业时间学习才能胜任这个工作。我们说他有一系列知识架构、有效的方法来支持其把这个职位做好。职工级通常一个月就可以把知识培训完，最长是3个月，短的就是一两天。但是职员级两三个月是绝对解决不了问题的，要花整整1年时间。比方说在工厂里面有普工，就是职工级的，技术工就是职员级的。在企业里面也是这样，普通的文员就是职工级的，但是秘书必须要对某些专业性的学习达到一定程度才能胜任这个

上篇 经营模式

工作要求，称之为知识型的工作者。

主管级：主管级称为创新型工作者，要具备两种特征能力，一种是不断改进工作的能力。主管级更多的是面对问题的复杂性、变化性，他能够敏锐感知到这个变化而且可以改进，可以做得更好。另一种是有创意、动脑筋，有解决问题的能力，碰到新的问题动脑筋可以解决这个问题，这是主管级的员工。

管理级：叫系统工作者，要具备两种特征能力。一种是本部门的系统性工作能力，同时他还可以对本部门的系统进行改进。第二种是跨部门进行配合的工作能力。

经营级：称之为战略工作者。首先必须要懂得企业一体化倍增业绩系统。他要具备两种特征能力，第一种，能看清楚行业未来两到三年以上的变化；第二种，他可以综合考虑企业各个部门的运营状况并做总体的运营。

战略级：战略级叫战略管理者。同样他也要具备两种特征能力，第一种，可以做详细的战略计划，并且可以引领下属去执行；第二种，它可以使多个策略形成一个更大的策略。那经营级跟战略级的特征能力有什么区别呢？区别就在于做战略计划的长度，战略级的人可以做一个很详细的3-5年的战略计划，而经营级的人则只能做一年左右的战略计划。

整合级：叫整合工作者，他也要具备两种特征能力，一种是对资源的整合，这个级别研究的问题已经不是一家公司的问题，而是多家公司

的内部资源与外部资源整合的问题;第二种是战略加速,战略加速的意思是,它能够创造诸多条件导致整体的战略步骤加快。

(六)企业成长能级系统

企业成长能级系统有专业户、个体户、公司化、部门化、集团化、产业化、市场化,有不同层级的企业。

企业发展的每个阶段都有什么特点呢?

专业户阶段:在这个阶段还不太像一家真正的公司,他只是老板或者某一两个人比较专业,其他人都是他的员工。这家企业就是个人的公司,很小,比如我们的销售人员。由于对这个行业较熟悉,又有一定的客户资源,投资也不大,自己就成立了公司。

个体户阶段:在这个阶段有个特点,老板下面是管理人员,管理人员管理下面的员工,这时候听上去有点儿像公司的味道了,但其实这个时候还不是一家完整的公司。

公司化阶段:您到这家公司后会发现有很大的办公区域、有很多部门,有总经理、副总经理,整体上已经是一家成熟的公司了。

部门化阶段:部门化阶段通常规模比较大,营业额达到1亿元以上,是有500人到1000人的大公司,这时候就一定要部门化了。部门化的概念同公司化的概念不一样,公司化的概念就是这样的,通常某项工作可能一个副总或者一两个副总便已经可以解决,但是在部门化阶段,销售部可不可以用一个销售总监带几个人解决某项问题呢?不可以!它

上篇 经营模式

是依靠一个团队去思考问题、解决问题！企业是在公司化阶段比较稳定，还是在部门化阶段比较稳定？是部门化！在公司化阶段，当某个副总离开公司时就会对公司的稳定造成任何威胁。而在部门化阶段，当某个部门总监离开部门时，不会对这个部门造成任何威胁，部门化的意思是用部门替代一个人。同时在这个阶段还有一个特点，那就是老板是管理部门的。

集团化阶段：集团化阶段的特点是，每一个部门都是一家公司，每个部门都是一个事业，每家公司都有董事会、都有运行的机构，所以集团公司就是投资性的公司。

产业化阶段：那该怎么评估这家公司是否达到了产业化阶段呢？就是要看这家企业是否做了产业革命性变化的事情。比如说万科做房地产，一般的房地产公司是买下一块地，然后找国外的设计公司设计，接下来把它盖起来，然后再把它卖出去，是这样做的。但万科房地产是用连锁的方式来做，怎么做呢？他前面做的模式同其他的公司是一模一样的，但是在到别的城市买块地、在设计这个房子的时候就不用再请国外的设计公司来了。自己的设计师，根据这个地形的结构，结合国外设计师的房产设计，稍微改一改就可以了。所以到不同的城市，发现万科的房子样式都差不多，都是这个感觉。同时，他们在设计房子的时候，很多生产的过程都是工业模块化，所以其生产效率就非常高，同样的一个产品其售价就比较低，因为它的成本就比较低，所以万科发展的速度就比较快。

市场化阶段：市场化阶段的企业通常就是把企业当成市场来进行收购合并的，也就是说他是把企业当成产品来卖的，称之为是市场化经营的概念，通过收购合并产生革命性领先的企业。

以上是企业发展各阶段的特点，接下来我们来探讨企业发展的一个瓶颈问题。您会发现，专业户到个体户之间的差距大概是100万元营业额，个体户到公司化之间的差距大概是1000万元营业额，公司化到部门化之间的差距大概是1亿元营业额，这个数据越往上越高，在这个数据背后您会发现一个问题，有的企业一年就发展起来了，有的企业几年甚至十几年的时间都没有发展起来，这时我们说您的企业产生了发展瓶颈。产生这个发展瓶颈的原因是什么呢？告诉各位，产生瓶颈的原因是意外事件没有办法解决。企业在成长过程中有个最显著的特征，那就是管理工作拆分下放。每拆分一次，老板只是管理核心团队，所以核心团队在一家公司里面是最重要的，他们的层级直接决定了这个企业的层级。

（七）个人能级与企业能级的匹配标准

专业户阶段：老板达到管理级；

个体户阶段：老板达到从管理级走向经营级之间，下属达到主管级；

公司化阶段：老板达到经营级，下属达到管理级；

部门化阶段：老板为战略级，下属为经营级；

集团化阶段：老板为整合级，下属为战略级；

上篇　经营模式

首先，专业户阶段。各位认为在专业户阶段老板要达到什么能级？有人认为是主管级。你们思考一个问题，专业户阶段的老板要不要研究招人的问题、培训的问题、销售的问题、财务的问题、那这是什么能级？是管理级，所以达到管理级的时候才可以做个小老板。这也就是中国民营企业寿命短暂的原因，很多老板并没有达到管理级的能力就去创办企业，其自然而然也不会长久。

个体户阶段，老板必须要达到从管理级走向经营级之间的标准，他的下属，也就是核心团队的成员必须要达到主管级标准。

也就是说您的核心团队成员能级如果没有达到这样的水平，就代表企业出现的问题会解决不了。我们一直以来都在阐述这样的思想，那就是管理层能级一定要与企业能级相匹配。

（八）检验管理人员能级步骤

1.列出4到5个企业现阶段最重要的难题；

2.您的企业营业额对应的企业发展阶段；

3.在这个阶段匹配的标准是什么；

4.解决这些问题所需要的能级；

5.根据个人能级特征能力进行对比；

怎样检验您的管理层能级达没达到这样的水平呢？您的企业有没有什么难题一直都没有解决的，很困惑、很麻烦的，列出4到5个最重要的难题来。如果其能级不够，这个问题就不能很好地解决。比方说您现在遇到一家公司是400万元营业额，根据我们刚才讲的概念，它的老板是什么能级的？从管理级向经营级之间，是不是这样的概念？如果有老板是这样营业额的时候呢，思考几个问题，第一个问题是他对一些系统性的问题可不可以讲通？可以基本上讲通的，但是对未来两到三年的发展他有没有看得清楚？看到了一点儿，但是不是很明确真正的发展方向呢，有点儿知道，有点儿不知道。在这个营业额左右的老板，请问是不是这样子呢？那么对于个体户来说，他的部门负责人的主管是什么能级的？主管级的。我举个例子，比如说行政部，招人的那个主管他是主管级的，这个主管级的人刚刚去招聘员工的时候，您认为他要不要评估这个员工的能力，要不要评估这个员工与管理人员能不能匹配，要不要评估这个人的人品，要不要评估这些方面，有没有发现这个主管能够评估这些方面的情况呢？不能，这些方面的评估大概要什么能级？管理能级，所以您的主管能不能做到？所以您会发现所有人要进入这家公司都必须先征得老板的同意才行，有没有这样的情况？

PRACTICE

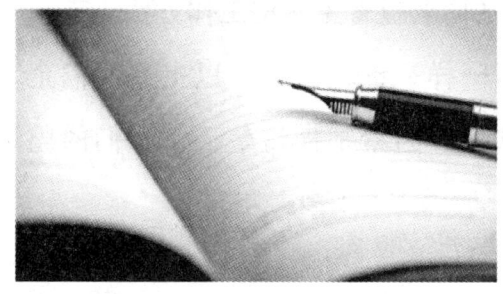

练习：以您的企业为例，请检验管理人员的能级步骤，检验您的企业现用人能级是否与企业能级相匹配。

（九）企业成长瓶颈的三大因素

第一个因素，核心人员能级：企业规模上来以后，核心人员达到一定的能级才能处理相应的问题。在这里需特别强调一点，您的能级上去以后您的下属的能级也要上去，只有能级相匹配才会让企业健康成长起来。

第二个因素，管理架构：什么叫管理架构呢？当企业的规模变大的时候，发展的每一个阶段管理架构都是不一样的。也就是说您所管理的人是不一样的，当我们在专业户阶段的时候，老板是所有的工作都自己做，上面就老板一个人，下面管着员工，哪怕您有了一个店长，那个店长也是您的助手，有问题还是需要您自己去解决。后来我们发展到了个体户阶段，个体户阶段是老板做系统的事情，然后主管管员工。专业户阶段是直接管员工，现在是管主管。当企业规模再变大的时候就变成老板管管理级的人，所以企业发展到某个阶段，我们的管理架构也要随之转变。

第三个因素，管理系统：各位想想，当管理架构转变以后，管理的系统要不要转变，主管管员工的工作方法同老板管主管的工作方法一不一样。同老板管管理级的人的模式一样不一样？都不一样！以上是我们企业成长时要解决的瓶颈问题，只有把这三大因素都搞清楚了，我们的整个管理才能进入到一个新的轨道。

（十）企业发展途径

企业发展的途径有两条线，一个是生命线，一个是事业线。生命线是指让您的企业可以存活下来，企业生命可延续；而事业线指的是企业可以变大，是一个企业发展的过程。

生命线分为三个阶段：

1.顾客满意阶段：顾客满意指的是顾客没有投诉，对您的产品与服务基本上是满意的，没有大的问题，但是会不会觉得您非常好呢？不一定。这个称之为顾客满意的阶段。

2.战略集中阶段：指的是我们要了解顾客的核心需求，并且抓住一两个顾客的核心需求去不断地加以改进，以达到顾客非常满意的地步。这里面有一个问题，是谁更了解顾客的核心需求，是我们还是顾客？是顾客。解决这个问题的方法我们在竞争力运作章节中已经提过，就是问顾客一句话，即"您在什么样的情况下一定会购买我们的产品"，然后经过总结累计，就可以知道顾客的核心需求了，接下来我们就会采取策略性行为进行改进，如果做到三到六个月的改进以后，已经比一般的商家做得好很多了，就达到了战略集中的目的。

3.顾客传颂阶段：当您弄清了顾客的核心需求以后，就应满足顾客的核心需求，这样就会导致我们比一般的商家做得好很多。这时候就到传颂阶段了，达到传颂的标准是转介绍给您的顾客达到您现有顾客的50%以上。

上篇　经营模式

举个例子，假设您曾经到两家足疗店去按脚，按完脚以后呢，两家店只达到了令您满意的程度。那么这个时候如果您的朋友说今天很累想去做足疗，您会不会一定再到这家店去呢？不一定，是吧！但是如果这家店的老板采取策略性行为对按脚的手法进行了六个月的改进，这样该足疗店按脚的手法就会比其他足疗店好很多。仔细想一个问题，您再去按脚，去哪里？您肯定就会去那家店，其他店是不去的。也就是说，没做到这个程度，您是不会帮他传颂的。等您已经做到有50%转介绍的时候，才会达到传颂阶段，这时候等于我们的顾客真的让他们的朋友只去这家店，而不去别的店了！

事业线也分为三个阶段：

1.模式化阶段：模式化指的是要把流程形成标准化的、流程化的、书面化的可通过相关培训将其模式化定型下来，接下来还要研究什么样的人才能复制这个模式，这个阶段就是复制员工的阶段。

2.复制基本生意单元阶段：再复制更多的员工，这对企业发展来说已经意义不大，发展到这个阶段就要开始复制基本生意单元了。什么叫基本生意单元呢？就是管理小组加上员工的结构，它包括两个方面：第一个方面，它可以完成顾客所需要的所有东西，包括产品与服务；第二个方面，它是一个人员组合，多少个管理人员、多少个员工合在一起就可以把顾客需要的相关事情完成，这个时候就形成基本生意单元了。如果对开店的公司来说就是一家店了，如果是对工厂来说就是这个车间，如果对市场来说就是这个销售的团队，不同的企业就有不同的单元形态。

接下来我们再探讨一个问题。为什么在模式化阶段是复制员工，而到了这个阶段就变成复制基本生意单元了呢？这里面我解释一下，因为按照企业发展的要求，我们的首要工作是做出成功因子来。做出成功因子就给员工复制，员工复制了以后就会产生意外事件。但这个管理小组只能解决这些意外事件，所以这个时候再增加员工、再增加顾客都不会让我们的利润有更高的增长，因为意外事件解决不了。所以，这个时候要把原有的模型形成一个基本生意单元，然后再进行复制，这样您的企业才可以更好地发展。

举个例子，我曾经给一家工厂做过顾问，该工厂在过去几年的业绩一直都没有增长，始终是6000－8000万元的营业额。管理者觉得企业管理得很不错，所以希望把业绩提升得更高。然后就开始增加员工，这样做了几年还是这个业绩，后来他明白了，原来这些人就只能解决这些意外事件。然后他画了一个图，现在做这件事情是多少个管理人员、多少个员工，接下来他还需要做什么事情呢？就是重新组织一批人来做这件事情。以前他是把员工增多，复制员工，但这些人就只能解决意外事件，所以这时候唯一的方法是改变成长模式。您就把原有的模式看作是一个模型，形成一个基本生意单元后再进行复制，这样您的企业就可以产生革命性的转变了！

上篇　经营模式

3.复制管理中心阶段：企业发展到公司化阶段时，会产生这样一个瓶颈。我们复制基本生意单元去开第二家店，这时老板就会找一个店长或者主管，接下来复制基本生意单元去开第三家店。但是，原先您解决两家店的意外事件可以加班解决，您每天工作可能要十多个小时，而现在开到第三家店还能不能加班解决了呢？不能。所以说，瓶颈是开第二家店的时候没问题，第三家店就开不了，就是这个情况。第三家店是最麻烦的，因为它的意外事件已经超出您解决那个规模的范围了。那这时候该怎么办呢，这个时候非常重要的工作就是要建立管理中心，管理中心的架构是这样的(如下)，有CEO，也有销售方面的负责人，也有生产和服务方面的负责人，也有行政人员。这就是管理中心的组织架构，这个时候您就会用管理中心去管理多家店了，而您的企业也可以继续得到发展了。

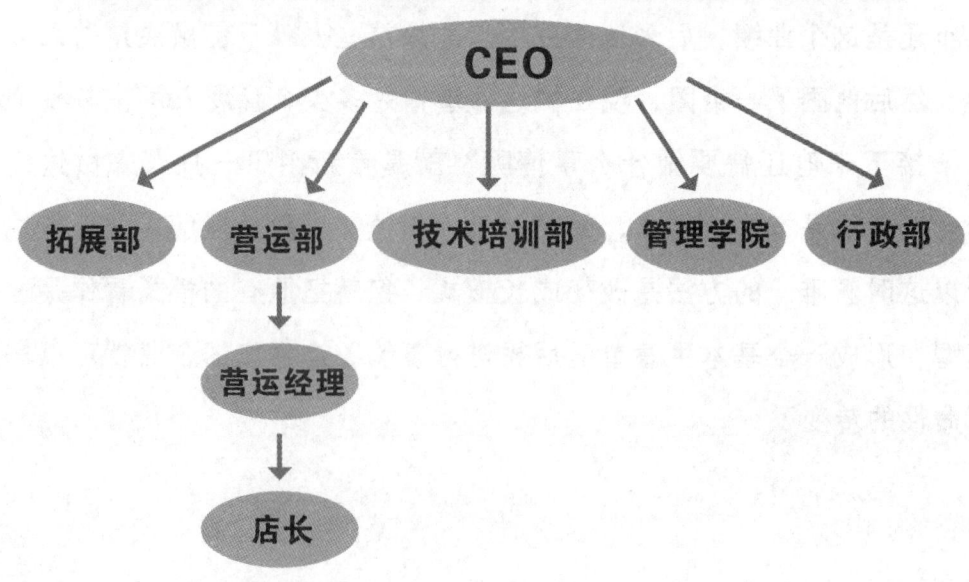

（十一）事业四大增长基础要素盘点

我们的事业要成倍地增长，首先要做的是对企业基础价值的盘点。

第一是价值盘点：就是您的公司所拥有的价值，可以卖给顾客变成钱的称之为是产品与服务。也就是说，您这家公司的产品与服务达没达到顾客满意的程度，如果达到了就证明是有价值的，如果达到传颂的程度就证明您公司的价值更大了。

第二是市场盘点：总共有多少个市场可以做这件事情，我们把它盘点出来，比方说我们开一家餐厅，如果在这个城市每个区都可以开一家的话，请问整个城市可以开多少家、整个省可以开多少家，然后中国可以开多少家，您觉得这个市场大不大？大。但前提是您的企业得有价值。如果没有第一个，就永远没有第二个。所以，您能做到什么样的业绩，您就可以把这个市场盘点出来。在这里有一点各位要注意，就是我们要盘点出多少倍以上的市场？请记住是盘点出10倍以上的市场。只有这样，您才会从中选出目前最适合您做的市场来。

第三是模式盘点：模式盘点就是成功因子的盘点，我们是否把成功因子模式化定型下来，形成标准的、流程化的、书面的可以通过培训传授给员工的，同时还要做原型增强。什么叫原型增强？就是我们的员工用了成功因子以后，有没有业绩或者是工作效率比别人高一倍的员工，那他既然可以做到比一般的员工高一倍的业绩，请问他身上有没有成功因子，接下来要做什么事情？把它模式化，然后与原有的成功因子相

上篇 经营模式

结合,经过总结再产生出新的成功因子。那各位想想看,这个成功因子会不会更强?

第四是人员盘点:人员盘点是什么意思呢?就是您的核心团队成员的盘点。假设我们要多开一家店,是不是代表要找到店长?如果找到了店长后,其他的员工是不是比较容易找了?所以最难找的是店长。现在企业已有了价值、有了市场、有了模式、有了人员,这时候我们就可以进行10倍模型的计划了!

PRACTICE

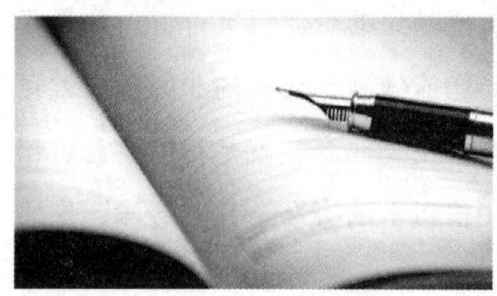

练习:以您的企业为例,首先进行一下企业四大增长要素的盘点,并做出您的企业翻一倍的计划!

（十二）10倍倍增模式设计

我发现有很多老板都会研究企业成长的问题，但是并不研究成长模式，我们说有了模式才能快速成长，所以成长模式是非常重要的。10倍倍增模式设计的步骤是这样的：

1. 做出成功因子：首要的是做出成功因子，同时要找到员工的工作水平翻一倍的这个原型，做原型增强，并把它模式化定型下来。

2. 扩充成基本生意单元：有了这个基本生意单元，企业才能进行下一步的发展。

3. 建立基本生意单元的管理运行模型：也就是基本生意单元的管理模式，我们在书的后面会讲到店长、主管是如何进行管理的。

4. 复制基本生意单元：在复制基本生意单元之前，就要寻找这个单元的模型，也就是这个单元的经营是如何运行的，以及管理架构、组织架构是怎样的。

5. 关键职位的设计：如果这些基础方面有了以后，接下来您的规模能不能做大关键同什么有关？跟人有关！那么，人如果要招聘过来，就要进行加薪，所以各位注意这些职位的薪水要比同行高出大约30%到50%，各位认为如果这样的话是不是很容易招到人？但是各位要注意一个问题，是不是所有人的薪水都要提高呢？不需要，您应把很高的薪水给到关键岗位的员工。各位注意，一个是基本生意单元的负责人，一个是管理中心的负责人。对于开店来说，最应支持的是店长；对于车间来说，最应支持的是车间主任；对于开拓市场方面人，则是每个区域的驻区经理。这几个人的职位非常重要，我们称之为是"好卖的职位"。

6.10倍倍增计划：所谓的10倍倍增计划是这样的，分为三个阶段。第一个阶段，利用现在的基本生意单元模型就可做出一倍倍增的计划来。第二个阶段，是做两倍倍增计划。第三个阶段，是做四倍倍增计划。但要注意，在第二个阶段要有两个瓶颈需要解决，第一个瓶颈是您已经有价值、有市场、有模式了，最缺的是什么？人！要找这个人出来，同时要多长时间才能把这个人辅导出来。第二个瓶颈是，在建立第三家店的时候要建立管理中心。为什么在建立第三家店的时候要建立管理中心呢？我们在企业管理架构中详细来了解一下。

这两个瓶颈解决以后，您就可以列出一个倍增计划出来，也就是说倍增一倍时您要做哪些事情、倍增两倍时您要做哪些事情、倍增四倍时您要做哪些事情。这时候您的10倍倍增公式就已经出来了，这个公式就是您的10倍增长模型。有了这个模型之后，您的企业就可以倍增成长了！

（十三）管理中心架构及功能

我们发现，企业发展到不同阶段管理架构也是不一样的，如果必须要让管理人员用一种架构来管理企业，那企业发展的各阶段管理架构应该怎样建立呢？

1.专业户阶段：这个阶段的组织架构是老板与员工，通常一个老板觉得这个企业可以做，应该做得好，就创建了公司！在这个阶段要做的

最重要的事情是什么呢？管理大师彼得·德鲁克说过这样一句话："一个企业除了销售部门之外，其他部门都是成本"！所以在这阶段要做的最重要的事情就是销售，而且老板要亲自抓。因为在这个阶段我们所聘请的员工都是普通员工，老板不在现场做销售，您的销售是绝对做不好的。您亲自去做的话就会知道问题在哪里，就能很轻易地去改进了。同时您可以了解顾客的真正需求，所以抓销售是老板在这个阶段的核心工作。同时，在这个阶段您需要做的事情是建立成功因子。只有找到了服务顾客满意转介绍的方法，您的企业才能够实现起飞。起飞的方法很简单，就是干！哪些地方有问题就要设法改进、改革，不断地去改，改到顾客满意转介绍为止。

接下来是用人，这个阶段要用忠诚度高的人。什么叫忠诚度高的人呢？能力不一定很高，但他对您是忠诚的，您说什么他就做什么。但这时候有些老板往往请能力高的人来做，您请能力高的人以后会发现要管好他是很难的，他能力高就会想变成您的股东。所以在这阶段要聘请的人一定得是忠诚度高的人。

那我们该如何招人、留人呢？也许有人会想，我们用薪水来招人、用前途来留人。您认为这个想法有没有效？是没有效的。用薪水招人增加成本，用前途留人还看不到前景，也只能是画饼，所以在这个阶段最有效的方法是用个人魅力。您之所以能招到人的原因是因为他喜欢您这个人，觉得跟您在一起工作非常愉快。举个例子，深圳有一家公司发展

上篇　经营模式

得非常快，而且老板已经几次登上中国首富的位置，这家公司叫华为，他们大概在12年前就开始去北大、清华招聘学生了。您想想，清华、北大，会有多少公司去那里招人？有IBM以及很多国内大的企业去招聘。而华为当时是比较小的公司，学生可能都没有听说过。但是他们采取了一个非常有效的做法，就是在学校的信息板上发布招聘信息的同时，在信息的最后写上有意者请于晚六点到什么酒店吃饭面试。招聘先请吃饭，这在当时还没有任何一家公司能做到，所以一下子便在校园里传开了。在吃饭时，任正非就跟他们谈自己的人生经历、公司的未来发展前景，他们认为这个老板很好，跟他干是没有错的，所以各位注意在这个阶段，您之所以聘请到这个人的原因是因为他认同您这个人，规模小的时候这个企业就是您、您就是这个企业，让他认准您这个企业是不可能的，他认准您这个人了，才会认准您的企业。

接下来，在这个阶段的管理模式有很多种。有企业文化的管理、权威化管理、制度化管理、人性化的管理、竞赛式管理等等很多种管理模式，但是在这个阶段要用权威化的管理。因为这个阶段您的员工能力并不是很高，您要用的人是执行的人，所以这个时候只有权威化的管理才能解决这些问题。在这个阶段的管理制度通常只要有一两个就可以了，一个是考勤制度，一个是薪酬制度。什么叫制度？制度是让企业的运行效率更高，之所以有制度的原因是限定他要这样做，不能那样做。然后不能让他产生偏差，要在模式中去做，这才是制度的作用。最后是财务管理，财务管理在这个阶段要做流水账。所谓流水账就是今天收了多少钱，在哪里收进来的，然后支出多少钱，支出到哪里，这就是流水账了。

这是专业户阶段的管理架构。在这个阶段，您要做的事情就是尽快创造出成功因子，只有这样您的企业才能发展。当您创造出成功因子以后就可以复制员工了，这时候您会碰到一个问题，下面的员工在复制的时候就会有意外事件产生，要解决这些意外事件就要聘请管理人员来代替您做这些事情，这时候您的企业就发展到个体户阶段了。

2.个体户阶段：这个阶段的组织架构是老板管主管、主管管员工，通常我们有销售的主管、生产的主管、行政的主管。请思考一个问题，这个时候各位认为第一个要找的主管是哪个主管？第一个要找的是行政主管，为什么呢？各位想想行政这里面有没有很多问题？非常多。行政这时要帮您解决一堆问题，如果这些问题不解决，您就没有办法把精力集中到业务中，这是很重要的。所以首要的是把这个行政部的问题解决掉。

在这个阶段要做的最重要事情依然是销售，销售一直要做到50万元一个月，并且要持续三个月才可以。如果您做不到连续三个月50万元的业绩，您的公司是不稳定的，您就不能开始做管理工作，这一点各位要清楚。在这个阶段要建立完整的成功因子，它包括销售和服务两个方面，这是为我们企业的稳定与下一步的发展做准备。

接下来是用人，我在前面讲了能级，这个阶段是用主管级的人，这种有能力的人往往是这样产生的，一部分人是在您的企业里面提拔起来

上篇　经营模式

的，还有一部分人是从外部聘请过来的。各位要注意，从外部聘请最好是从比您规模大的企业来聘请，这样您就会了解到他们是怎样做的，以及整体模式是怎样的，接下来招人、留人仍然是通过个人的魅力来解决这个问题。

在这个阶段我们的管理模式叫作参与式管理。什么叫参与式管理呢？就是您要做一个决定的时候，让您的下属参与到决策中来，同时让他提出他的建议，但是决策权依然是老板，他是参与过程。那为什么在这个阶段管理模式是参与式管理呢？各位注意两个问题，一个请问执行人是这个主管还是您？是主管。如果他参与决策的过程再去执行会不会做得更好？更清楚决策的意图。再有，在决策的过程中是销售的主管更了解情况，还是您更了解情况？是销售的主管！所以当他参与进来一起来讨论的时候，他会提出更好的建议，为您的决策提供依据，所以在这个阶段的管理模式是参与式管理。但是很多老板在这个阶段一开始是参与式管理，后来觉得浪费时间，就用上了权威式管理。但是您有没有发现，有时候您的决策是正确的，有时候则是错误的。所以在这个阶段一定要听听他们的看法以后再做出决定，在这个阶段要遵守这个原则。在这个阶段随着规模的变大，人已经开始增多，但是很多人习惯了您就是等于这家公司，那这个时候要不要制定规范呢？要的！所以这个时候要制定出比较完整的制度，这个时候您就可以用公司来压人了，这是公司规定的！这是公司统一来调整他们个性化的思维。

最后是财务管理。这个阶段就需要做会计账了,因为在这个阶段有很多资产性的东西我们必须要搞得清楚!

接下来,如果企业经营的得很好,那么用这个模式培训我们的员工,就能开第二家店、第二个工厂,这样就会进入到公司化阶段了。

3.公司化阶段:公司化阶段的组织架构就是管理中心。为什么发展到公司化阶段要建立管理中心呢?这个问题我们前面已经讲过,就不细说了。

接下来研究一下在这个阶段最重要的事情,那就是人力资源方面的事情。这些意外事件对于老板来说原先都是一个人来解决,而现在就需要用部门的力量加以解决,所以最重要的是建立人力资源部。很多老板往往到了这个阶段已经超过了1000万元的营业额,各位要注意,当您有500万元营业额的时候您就应当开始做这些事情了。

人力资源部要做几件事,第一个是招聘,当您有一家店、两家店的时候,有没有发现招聘的人都是一个个招的,偶尔招几个人,对不对?但是到了这个阶段,您会发现需要招一批人了。招一个人可以慢慢带,但是招一批人则就需要有完整的组织架构。然后组织相关的培训。培训也是一批一批进行,同时要有完整的绩效考核系统。在这个阶段用人就要用有专业度的人。什么叫有专业度的人呢,他必须学过本专业8到12门的课,或者看过8到12种书。如果他本身没有管理体系这方面的知识会不会把工作做好?所以一定要用有专业度的人。

上篇　经营模式

接下来是建立公司的中心部门，称之为营运部，是您公司各部门里面最重要的部门，其作为核心去管下面的员工。建立营运部有两个标准，一个是人数最多的部门，再有就是影响最大的部门。比如，销售型的公司其营运部就是销售部，开工厂的营运部就是生产部，开服装店的、开超市的营运部就是采购部。所以说，营运部是一个核心部门。

接下来，在公司化阶段的管理模式称之为授权式管理。上一个阶段是参与式，如果老板把所有权力都放在自己身上的时候，各位想想这个决策速度快不快？很慢，对不对。很多老板经常是这样，一回到公司很多人就开始找您，很多事情都要您做决定。所以这个时候您需要把权力授给下级，当您要授权下去的时候有一个非常重要的概念，即怎么授权比较重要，如果授权不当很容易造成乱决策，是不是有这个问题？所以，这个地方首先您要告诉他该怎么进行管理。要做好授权管理，最基本的是要做好这几个方面：

第一个方面，必须要订立相关的原则。订立什么原则呢？是工作的指引，也许他的决定与您的决定是不一样的，但是他只要符合这个原则就可以了，我们在这个基础上就要设立一些相关的制度，这个制度规定了一些原则。

比如，您有十家店，有十个基本生意单元的负责人。请问这十个人做事情的方法一样不一样？不一样，一旦不一样的时候就会乱套，这个时候请问您该怎么管理？这个时候就要统一一些原则，在这个原则的前

提下给他们一些灵活的空间。这样,您的企业才能统一经营管理。

第二个方面,要有基本工作流程。最基本的东西必须要有流程,有流程同没流程最大的区别就是,您是否把一些工作的模式给定下来。模式隐藏在流程里面,进入到流程中就是进入到一个模式中。进入了模式以后您能发现效率会高起来。也就是说,您的员工知道了这个流程之后,就知道第一步做什么、第二步做什么、第三步做什么了,效率自然就提高了。

最后一个方面,是要把握授权的心态。很多老板在这个阶段必须要有一个革命性的转变,那就是授权的心态。这个授权心态非常重要,您授权下去以后必须要给他一个空间去发挥,这个空间是什么呢?给他一个犯错的空间。什么叫犯错的空间呢?我们做这样一个讨论,举个例子,某一天您发现一个问题,员工买了一批圆珠笔,圆珠笔的单价是2元,后来您去到一家文具店里发现那种笔只需要1.5元,请问这个员工有没有问题?所以这里面就是所谓的权限问题了。要怎样做?是这样一个原则,叫抓大放小,加评估。您给他一个权限的空间,这样他工作起来就会很放松,您授权起来就会既灵活速度又快。

下面研究一个非常重要的问题,那就是在公司化阶段产生的典型瓶颈问题,我发现大部分公司都会碰到这个瓶颈问题。当您开一家店的时候,比方说您可以做到25万元的营业额,20%的利润您可以赚到5万元。开第二家店,您发现您会赚到10万元。而开第三家店的时候本来可以赚到15万元，但是现在您需要增加一个管理中心，这个管理中心负责人的薪水是1万元一个月，而且有5个人左右，这时候您会发现他们的薪水就要花掉5万元。这时候您就得出了一个结论，这帮人都是废物，我开了三家店还是赚10万元，这时候您就会砍掉管理中心。但是，砍完以后您发现过了一段时间，还要请这些人回来。

所以，这个时候各位要注意一个概念，您要突破这个瓶颈，各位要清楚建立这个管理中心不是为了要开第三家店，而是要开第四家店、第五家店、第十家店，这才是问题的关键。所以我刚才讲了个体户阶段为什么要连续三个月做到50万元。您有足够的利润积攒到一定阶段的时候才能做这件事情。做这件事情是这样的，花半年的时间把这个组合起来，然后一口气开四五个生意单元，这时候您的营业额就会突破1000万元了，您的利润才开始显现出来。我们很多人如果冲不过去这个瓶颈就永远都是个体户，所以要突破这个瓶颈。

当您的规模越来越大的时候，您再增加一两个店对您来说意义已经不大，这时候我们就要建第二个管理中心，也就是到了部门化阶段。

4.部门化阶段：部门化的组织架构是这样的，原先已经有一个管理中心，接下来我们应复制出第二个管理中心，这个时候我们会建立一个总部，这个总部是管理管理中心的。那么，前面我们讲到公司化阶段是复制基本生意单元，到了这个阶段是复制什么？管理中心，那为什么要复制这个管理中心呢？举个例子，比方说做餐饮连锁店的，我们在北京

上篇　经营模式

开了一个管理中心，管理十几二十家店。这时候我们再开一两家店的意义已不是很大，这时候您想在广州建立一个管理中心，由管理中心去开十几二十家店，这种做法叫作建管理中心的方式，也就是我们前面讲到的案例，曾经有一个工厂的老板，这个工厂的老板一开始在这个地方增加员工，结果业绩没有增加。后来他研究了一个管理中心的单元，组成了另外一组人，结果一下子其业绩就倍增了。

所以说，前面是复制基本生意单元，到了这个阶段就变成复制管理中心了。对于我们开店的人来说，就是复制多店的管理中心；对于开工厂的来说，就是一个工厂一个工厂地复制。不是一个车间，车间是一个基本生意单元。这个管理中心是一个工厂，这样的过程称之为是部门化的基本变化过程。在这个阶段，我们首先看一下管理中心的建立，第一个管理中心是通过公司化方式建立的，这个过程也许要花两三年或者三五年的时才能建立。

接下来我们研究一下第二个管理中心是怎样建立的？第二个管理中心往往是这样子，在第一个管理中心的基础上，我们会在每一个核心的岗位上多聘请一个人当这个岗位负责人的副手，大概要花三到六个月的时间进行磨合，这样就等于有两套管理中心的班子了。

这时候的做法是新老结合，比方说北京这个管理中心我们开了十几家连锁，因为一开始有四到六个核心的管理人员。后来加了四到六个人

上篇 经营模式

就变成两套班子了，这个时候我们就会有一组人留在这里，但是这组人有一半是新人、有一半是老人，然后到了广州开那个管理中心的时候，有一半是新人、有一半是老人。这个时候各位想想北京的管理中心有没有问题？没有问题；广州的管理中心有没有问题？也没有问题。但是我看到太多老板是这样的，建立广州的管理中心的时候所有最核心的人员都是重新聘请的，都是新人。那各位想想，是不是等于成功因子要从头做一遍，有没有可能会出现不适应的情况？同时有很多以前的成功经验也都用不上了。

现在有很多老板可能就会想，建立第三个管理中心是不是也要这样复制呢？注意，并不是这种方式。建立第三个管理中心跟我刚才讲的公司化阶段是一样的，在这个时候要先建总部，然后再去复制管理中心。

这个过程是这样的，首先，它必须要建一个总部，总部在这个位置多了一个非常重要的部门，称之为辅导部。其他部门跟下面的部门是一样的，也有CEO，然后也有营运、销售、生产、研发、人力资源、行政、财务等等一些部门。

那这个辅导部是做什么的呢？其实这个辅导部就是一个强大的管理中心。它是从第一个与第二个管理中心里面抽取大概三到四个人，这三到四个人是能力非常强的人，然后组成了辅导部。它的作用是，比方说开餐饮连锁，在北京开了以后再在广州开，下一个再开的地方可能是上海，就比较远了，这个时候老的员工愿不愿意到那里工作？不愿意，有点儿远,请问这个辅导部可不可以把上海的店开好并做起来?可以的,对不对。在做的时候每个人都会聘请一个副手,半年以后上海这个管理中心就成型了,它就好像是一个模子一样,在这个地方进行复制。那平常呢,不需要开店建管理中心,它做什么事情呢?做提升的工作。因为多了几个管理中心以后,平常要不要做一些培训和提升的工作?同时它还有一个非常重要的功能叫作接管功能,什么是接管功能呢?当我们的某个管理中心出现问题,全部烂掉,也就是这个管理中心不行了。这时候,这个辅导部要下去接管,接管以后把它当成一个新的管理中心来做。

举个例子,曾经有一家公司是做手机连锁的,这家公司也做休闲服装,他们去一家品牌商处挖员工,结果一锅端全部挖了过来。他们的做法是这样的,对方给您多少薪水、什么待遇;我们都翻倍,对方给您100平方米的房子,我就给您200平方米的;对方给您20万元的车,我就给您40万元的车,然后对方给您多少的薪水,每个月乘以2就行了,结果那群人就被全部挖过来了。那这时品牌商的管理中心有没有问题呢?没有问题,因为它总部有辅导部,他直接接管就可以了,所以当您的企业规模变大的时候,这种接管功能是非常重要的。如果没有接管功能,那么当您在某个地方出现重大问题的时候就接不起来,最后您可能只有把它关掉。

接下来我们研究一下部门化阶段最重要的事情,部门化阶段我已经初步讲过了,是以一个部门来代替一个人,所以最重要的事情就是要健

上篇　经营模式

全各部门。在这里必须要建立一个总经理办公室，如果总经办没有建立，在这个阶段就会导致企业整体运营效率的低下，那总经理办公室有什么作用呢？

首先，上传。老板有没有可能不知道下面有什么事情是需要决策的，这时候总经理办公室的责任就是下去搜集这些信息，然后要做一些方案，最后给到老板进行决策。接下来老板决策完了以后要不要下达？这个工作也是由总经理办公室来完成的。

接下来，对一个企业来说必须要有一个计划的控制系统，也就是说所有的工作计划是要有体系去支持的，这个时候该体系是由谁去负责的呢？就是总经理办公室负责去运行的，所以他会要求每个部门什么时间应该开会、做什么计划、应该谁来做这个决定，接下来总经理办公室还有一个任务，那就是他往往会组织一些战略性的策划工作。

接下来就是用人了。在这个阶段我们用的是怎样的人呢？这类人称为专家。各位想想，一个营销部的负责人他要不要变成专家，他对销售要不要熟悉，对广告要不要熟悉，对市场要不要熟悉，对管理业务团队要不要熟悉，对服务体系要不要熟悉？他不能只熟悉一方面，要方方面面变成很专业才可以。公司化阶段用人是专业，部门化阶段用人是专家，那专业跟专家有什么区别呢？最大的区别是个人的能级！专业是管理级，专家是经营级。体现在两个方面，一个是在系统上，管理级的系统是本部门的系统，经营级的系统是企业整体的运营系统。再有就是战略方向

上篇 经营模式

上，管理级他也许看不到行业未来两到三年的发展方向，但是经营级他必须要看得到，所以在这个阶段必须要用专家。

接下来是管理模式，这个阶段的管理模式称之为目标管理，目标管理的体系大概是这样的，首先属于公司的是大目标，然后部门是中目标，部门里的个人是小目标，这是目标管理的体系，而且这个体系的计划之间是自动生成的。那么怎样自动生成呢？老板定义了一个大目标以后，每个部门就会订立相应的目标与计划。比如说，销售部要做到多少销售额，生产部就生产多少量出来，财务部就会根据这个量做好财务支持目标，人力资源部也会根据这个量做好人员的配比。所以，它会自动生成计划，而且计划之间是匹配的关系。接下来，部门有了中目标以后，每个人就会根据本部门中目标的要求分解出自己的小目标来。如果部门里每个人的小目标完成了，意味着这个部门的中目标就会完成。各部门的中目标完成了，意味着老板定的大目标就会完成。这种目标管理好不好？非常好，对不对！但是要做很多关于如何做计划的培训，在后面我将会详细地讲解。

这个时候也会产生一个瓶颈，那就是部门的目标与计划之间的匹配。举个例子，假设销售部做得已经很大了，做了1亿元的营业额，有没有可能工厂生产不出来？有可能。有没有可能工厂预计他们的业绩会高，增加了500名员工，但是销售部没有销售出这个业绩来。为什么会产生这个问题呢？是各个部门的目标与计划的不匹配，这个问题非常严重，甚至可能导致企业的倒闭。那该怎样解决这个瓶颈呢？我们叫战略管理，就是必须要做出三四个月的详细战略计划来！

接下来是管理培训，这个阶段非常重要的是管理培训，管理培训您大概要花1%到2%的营业额来做这个事情，也就是每一年如果大概是2亿元营业额的话，那么大概要花掉200万元到400万元，平均300万元左右的培训费，而且每年都要做。为什么每年都要做呢，其中有一个问题是让所有的管理人员统一管理思想，这时管理人员可能要30人到50人，人很多，各式各样的思想都有，那这个时候该怎么办呢？一定要把他们的思想统一起来，进行统一的培训，只有统一培训才能解决这个问题，这也是业绩倍增的前提，称之为上下同欲。通常统一的培训有几个内容，第一个是一体化倍增业绩系统，各位注意是跨部门整体配合系统。第二个是专项系统培训，就是有营销的、生产管理的、财务的、人力资源的，本专业必须要精通。

5.集团化阶段：每个人都希望建立自己的商业帝国，商业帝国就是建立一个集团公司，通常集团公司产生的过程是这样的，首先它必须有一个核心企业，这个核心企业大概已经做到了2亿元以上规模，而且比较稳定，然后才开始建立集团的总部，再去建立其他的企业。集团化产生的过程是这样的，通常有两种方式，第一种方式叫同一种形态进行复制，一开始我们是复制员工，后来就变成复制基本生意单元，然后是复制管理中心，在这个阶段是复制企业。所以您会发现一个问题，比方说一些服装企业，它的某个品牌就是一家独立的公司，或者工厂成为一家公司。然后销售品牌的又成为一家公司，这叫同一种形态的复制。

第二种方式叫产业链的整合，怎样整合呢？比如这个公司做2亿元的营业额，每年是要有采购的，有可能采购原料，比如是4000万元的采购额，常规做法是找一家贸易公司采购这个原料，这个时候可不可以把这家贸易公司给收购了，提供产品给自己，也就是把原来的采购部事业部化，原来它是一个成本公司，它会花钱的，后来就把它变成一个利润中心了，它变成采购以后再卖给自己，而且这个地方还有钱赚，同时可不可以卖给其他企业？比如杭州娃哈哈集团的营养快线。

接下来还会有这样一种形式。比方说这个企业是做服装品牌的，这个品牌广告投入可能要1000万元，也许这个品牌广告投入可能要500万元，或者这个品牌广告投入可能要300万元。这个时候各位有没有发现，可不可以成立一家广告公司自己投自己的企业？然后还有物流，每天都有物流的成本，后来可以做成物流公司服务自己，再服务别的企业。

接下来是用人，这时候通常用的人是什么级别的人呢？是老板级。什么叫老板级呢？最重要的不是说这个人达到了这个能级，而是说他也要投资，如果公司亏本了他也有份儿，是这样的概念！这个级别的人是怎样产生的呢？比方说有某个老板，他开了个公司一年有500万元的营业额，他拥有这家公司100%的股份，然后他又有20%的纯利，所以他每年能赚到100万元。然后有个集团总部的老板对他讲，您来跟我合作，我

上篇 经营模式

一年给您3000万元的采购额，但我们集体要占70%的股份，管理还是您管理。请问这个老板会不会同意？我们来算笔账，现在这个老板一年的营业额是多少了？3500万元，20%的利润就有700万元的利润，他占30%的股份，就可以赚到210万元，请问这个老板有没有兴趣？有兴趣的原因在哪里？因为利润翻倍了，而且这个业绩有没有保障？有保障！

接下来看看总部建设，总部建设有几个重点，第一个是董事会，这里边很重要的一点是，董事会的真正作用是代替CEO的，如果CEO实现不了这个功能，这个董事会就要有实现CEO功能的能力，但是通常一家公司CEO的能力强不强？很强。董事会是集它集体的能力，所以会强过CEO的能力，它会在每个分项里面比CEO还要强，这是董事会基本的一个功能。国美电器就是一个明显的例子，CEO改了，但是这家公司还是在正常运行，所以这地方是很重要的。

第二个就是CEO了，CEO负责什么事情呢，第一件事情是负责公司的收购以及合并。他会研究什么问题呢？谁参股进来，要收购谁或者合并谁，然后哪个地方要部门化，哪个地方要变成事业部制；哪几个部门要不要合在一起变成一家公司。所以他做的基本上是收购合并的事情。第二件事是要管理下属公司的CEO，下属公司的CEO要怎样管呢？各位想想他要不要管下属的公司？不要。他是管CEO，如果这家公司出了问题他就换CEO来解决问题。

接下来有一个非常重要的部门，这个部门也称之为辅导部。在很多公司里面也叫做企业管理部或者叫战略研究部，它有很多叫法。那它是做什么事情呢？当合并一些公司的时候，它的管理模式要不要跟总体的企业一样？要的。如果不一样就代表这个公司是有问题的，同时它还有一个重要的功能，称之为监察功能，什么叫监察功能呢？通常六个月左右，这样的一个部门就会去到某一家公司去做诊断，然后写书面的方案，分析这家公司存在什么问题，然后应该怎么解决，做一个方案，这个时候各位认为是给总部的一个CEO还是给下属公司的CEO呢？很多人认为是给总部，其实不是，是给下属公司CEO的。下属公司CEO发现有人来解决这个问题的话，是不是代表您是帮助我啊。至于他的问题很大，这个CEO已经不适合做CEO的时候，他们会不会把这个结果告诉总部呢？会的，但是真正的作用是帮助这个企业解决问题。

接下来是管理模式，这个阶段的管理模式叫矩阵式管理，通常它会有一个集团的总部，有A公司、B公司、C公司，每家公司在这个位置都有CEO，然后这里是辅导部，这是经营模块。接下来是管理模块，每个公司就会有它的人力资源部、财务部等部门。通常在一个公司里边，这几个部门是CEO亲自管的，然后辅导部定期大概半年左右就会下到企业去，给一些企业的 CEO提改进的方案，但是唯有人力资源部、财务部是有两个上级，就是总部的CEO也管他们。那总部怎样管呢？就是给他们制定一些规范，比如A公司的CEO要支出100万元的现金、人力资源部要招聘一些人、或者财务部要支出100万元的现金，这个时候他们就会看如果在总部规定的范围之内，就可以做。如果超出总部的规定范围，就要上报总部，经总部批准后方可去做。这样就形成了两个体系，日常管理就由他们自己管，但是某些业务有要求的方面，超出总部规定的范围就由总部进行管理。所以，集体化公司在整体运行上是通过人力资源部与财务部去管理下面公司的。然后再由辅导部定期去研究下面公司的重大问题，这样就形成了管理的概念。

最后这个阶段的重点工作有两点，第一点是战略管理，战略管理有两个方面，一个是允许下面的公司有独立的战略，如果没有独立的战略，它就变成没有思想了。再有，对于总部CEO来说，他要研究战略整合的问题。战略整合代表使多个战略合在一起形成一个更大的战略，进而加速整体的战略。这一点是非常重要的。

第二点是成本控制。当有一家公司已经做到集团化，是不是经营做到10亿元以上，各位认为在您的公司里面，您省下1%的成本有没有可能？如果这家集团公司省下1%的成本就是多少钱？1000万元，1000万元已经相当于一家上市公司了。所以请注意，成本控制是很重要的控制，而且往往成本控制就是您的核心内容。

想想10亿元的营业额不赚钱，有没有可能？不可能的，对不对？曾经有一家日本的日产公司，它做600亿美元的收益，但是竟然会亏本，各位想想做几十万元都能赚钱，他做600亿却不赚钱，有没有可能？不可能，对不对。所以这个时候出了一件什么事情呢，法国有一个叫雷诺的公司

上篇 经营模式

就收购了它的控股权,派了一个人过去,这个人叫哥恩。如果看汽车的杂志经常会看到这个人,雷诺公司与日产公司两家公司的CEO,他一进来以后就研究了一个问题,因为汽车制造业大概的纯利润率是平均行业水平的6%左右,所以他提出了一个方案。当时提出的方案是什么呢?是要在三年内让成本下降60亿美元,然后员工说老板您是不是多写了一个0,是6亿美元?哥恩说不是,真的是60亿美元。三年后这家公司达到了行业的最高水平,它的纯利润率达到了10%,他是怎样做呢?成本控制!所以做好成本控制是非常重要的。

大家发现最近美国的通用汽车公司和克莱斯勒公司都有倒闭的危险,哪家会先倒闭?是福特公司对不对?后来再有经济危机,它的营业额也还是有上千亿美元,上千亿美元没有利润不可能,所以操作以后,马上利润率就出来了元这个是一个非常重要的概念。

PRACTICE

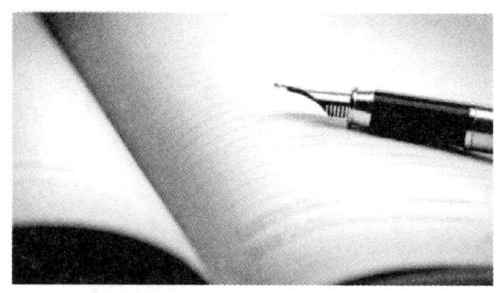

练习:以您的企业为例,做出您企业现阶段的管理架构来。

09

上篇 经营模式

九、个人成长瓶颈

（一）成功三角模型

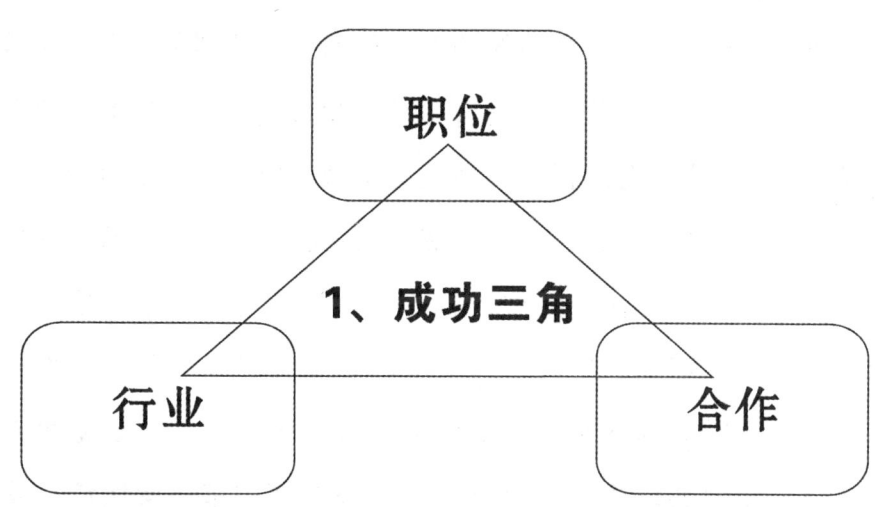

我们前面讲到了能级，接下来我们对它进行更深入的研究。对于每一个人的能级来说，可以把它分成三个不同的结构，也就是说前面讲到特征能力，现在我们把特征能力作为一个层次，在层次里面有一个系统的结构，这个结构代表一个人的能力结构，称之为成功三角模型！什么叫成功三角模型呢？就是一个人的能力体现在三条边上，一条边是行业，指的是对所从事的行业的专业度。比如说您是做服装的，对服装行业得十分了解，做餐饮的得对餐饮行业十分了解、做IT的您得对IT行业十分的了解。接下来的一条边是合作，指的是在企业中与别人配合的能力，任何人都不是单打独斗就能成功的，要讲究团队的合作、集体的力量。最后第三条边是职位，指的是在这个岗位上的工作能力。三条边合在一起就形成了三角形，这个三角形就代表个人的能级。那么三角形的面积越大代

上篇 经营模式

表您的能力就越强，拿到的薪水也应该越高！

举个例子，我发现人力资源部的人员他们行业的那条边并不是很长，因为他们觉得行业的内容跟自己没有关系，我只跟我自己的职业有关系。我是做财务的，我懂财务就行了；做人力资源的懂人力资源就行了，我不必了解这个行业的内容。但是当人力资源部的经理让他去招聘的时候，他发现专业的部分他没办法去评估，就叫用人的部门去评估。用人的部门觉得如果是这样，那我们自己招聘好了，招聘完了以后告诉人力资源部就可以了。那这时候到底是人力资源部在做招聘的事情，还是用人的部门在做人力资源部的事情呢？这样就会让各个部门都非常纠结！这个时候请问，人力资源部的经理能不能给他很高的薪水？他三角形的面积是这样的，行业这条边很短，所以我们只能给他这样的薪水。但是有的员工是这样的，行业专业度很高，然后也很适应自身职位，跟别人配合得也很好，请问这种员工可不可以给他比较高的薪水？他是三条边都很长，那么三角形的面积就大，我们就愿意给他比较高的薪水，很多老板清楚成功三角以后，就对他的员工进行培训了。要把每一个员工的三条边都加长，当都加长的时候，企业的收益就会提高，他们做的结果就会更好！所以，作为老板一定要去研究这方面的事情。

（二）个人能级成长的本质需求

我们将要说到一个非常重要的内容，这个内容就是：个人成长的本质需求是什么？其实也就是知识面成长的瓶颈。我们这个企业一旦成长

起来，各位就会发现一个情况，有可能某一层会断掉，这就是企业发展的规模与用人的能级的不匹配，这样就会产生问题了。那么，该怎样解决这个瓶颈呢？

下面就来讲解一下依据每一个人不同的能级，应该怎样培训这个员工？

职工级：我们看行业这条边，职工级需不需要他以前做过这个行业，或者做过这个职位？比如扫地的阿姨要不要做过这个行业，搬运工要不要做过这个行业？不用！只要是受过基本教育的人就足够了。基本的普通话会讲，基本的中文字会写，就可以了。接下来，职位这条边最重要的方面就是让他记住相关的名词。培训他的这个工具是什么，用途是什么？让他知道做这件事情的具体步骤就可以了。最后，合作这条边最重要的方面是什么？最重要的就是听话照做，也就是说这个级别的人要学会听话，所有人都是他的上级，当有人叫他的时候，听话去做就可以了。不要做任何抗议，这就是职工级要掌握的知识面。

职员级：再看行业这条边。发现一个问题，有很多员工工作了两三年，他依然什么都不会，有些员工可能他们天天都培训，但是发现他对行业知识的系统性认识还是不够。您是做服装的，到底对服装行业有多少了解？您是做餐饮的，到底对餐饮行业有多少了解？您是做IT的，到底对IT行业有多少了解？有没有发现很多员工对本行业没有系统性了解，那这时候该怎么办呢？我们要找一本300页到500页的行业入门知识书，什么叫行业入门知识书呢？通常每个行业都有一些大师级的人物会写一本书，他会告诉那些新进入到这个行业的人该懂的东西是什么，比如说，服装行业发展历史是怎样的，什么叫面料，面料有哪几种，服装有多少种类型，这样就可以了解这个行业最基本的内容了。一个员工如果把这本书全部都看完的话，请问他的基本知识面系不系统？接下来还要对他进行公司产品的培训，把这两方面加在一起。这样，这个员工对行业的知识面才是全面的。

职位这条边，职位有很多种。有销售的、服务的、人力资源的，有很多不同的职位。同样道理，找一本300页到500页都是一些大师级人物写的书。比如销售的职位，大师就写道，一个销售人员从端正心态开始，然后怎样去开发客户、怎么拜访客户、怎样介绍自己、怎样产生好感、怎样塑造产品价值、怎样排除异议、最后是怎样进行成交。各位，有没有一本书写这些方面的？您会发现一个问题，用不用很详细地在每个方面都对他进行培训呢？我们往往只培训了一些要点。但是这本书会把很多细节都讲到，您给到他一本这样的书，他全部都会看完，这样他对职位的知识面也是够的。

合作这条边。合作这条边基本上他要看两本书，一本是关于阳光心态的书。我发现当下员工跳槽的现象越来越严重，所以一定要让员工端正心态，以正确的心态面对自己现在的工作。另外一本书是沟通方面的书，尤其是销售人员，掌握沟通的技巧是至关重要的。

主管级：主管级的知识面总体上必须要比职员级的知识面多三倍。首先看行业这条边，第一本要看的书跟职员级是一样的，300页到500页的行业入门知识，同时还要接受公司的产品培训。另外他还要看有关该行业的杂志，以了解最新的行业发展动态是怎样的。

举个例子，比如说一家美容院的主管，他跟他的美容师说，某个美容大师说减肥是这样的，后来我看到另外一个美容大师说减肥是那样的，最近我看了一本行业杂志还有另外一种最新减肥方法。想想，这个美容师觉得他的知识面够不够丰富，下面的员工会不会服他？答案是肯定的，因为他可以指导他们。

职位这条边，因为他的职位是主管，所以我发现一个问题，他必须要懂管理。管理哪些方面呢？一个是他必须能够策划，就是做计划以及跟进；一个是他必须懂得去组建团队，管理团队；一个是他必须要懂得人际关系。有些人不愿意搞人际关系，但是您会发现他是您的下属，您喜不喜欢他都要跟他进行沟通、都要跟他一起工作。最后还有如何开会、如何激励员工、培训员工等等。

请问这些方面主管要不要懂？有没有发现，员工一开始不是主管，把他提拔起来做了主管，他懂不懂这些方面，要不要培训他呢，该怎样做？您可以去书店找到一些主管培训教材，或者是主管胜任力方面的书，一般这些书会把他作为主管要懂的管理方面知识进行阐述。

最后是合作这条边，合作这条边有些复杂，因为它是夹心层，上有上级，中有同事，下有员工。所以，他要参加一些关于团队领导力方面的培训、这些培训会教他们如何跟上级沟通与配合、如何跟同事沟通与配合、如何跟下属沟通与配合。各位，对于一个主管来说，要不要这三个层次都懂得合作？

管理级：管理级基本上已经不是研究知识面的概念了。首先在行业这条边上，他要参加行业的经营管理培训，或者看行业经营管理方面的书。比如餐饮行业是如何经营管理的、房地产行业是如何经营管理的，每个行业都有该行业怎样经营管理的书。

接下来，职位的这条边，首先是专业的部分，他要看8到12本书，比如说管销售的、营销、广告、品牌、业务团队、人力资源、销售训练等等的书，可能还要看招聘、薪酬、培训、绩效等等方面的书。同时他们还要看综合管理类的书，有组织行为学、企业文化、团队建设、计划管理等书。这样，才能满足这个级别在职位这条边上对于知识面的要求。

最后是合作这条边，到了这个级别有点儿麻烦。所有管理人员都必须能够跟自己不喜欢的人或者不一样的人进行合作。所以各位请注意，到了这个级别一定要学习心灵成长类的课程，包括心灵、国学、灵性、心理学等课程，这些课程其实都是调整自己心理状态的，让他可以跟更多的人进行合作。比如灵性课程是从内在去改变一个人的心理状态和观念，让他来到最具修为力的一面。我发现有些管理人员在公司里面老板是说不得的，一说就有问题，所以一定要让他在这个方面进行彻底改变，如果不改变，一个管理人员就不能上升到更高的层级。

经营级：经营级有个最基本要求，就是必须要懂得企业一体化经营智慧。举个例子，经营级的人管的下属是管理级的人，管理级的人提交一个计划方案给您，请问您要不要去评估它可不可行、要不要做决定？那您怎样评估、怎样做决定呢？所以对于经营级的人，一定要懂得企业一体化业绩倍增智慧，这样才能轻松经营管理自己的企业。

首先看行业这条边，到了这个级别一定要做到两点。第一点，要参加行业论坛；第二点，要看行业协会所写的行业发展报告。每一年这个行业协会都会出版一本行业的发展报告或者是行业年鉴。为什么要做到这两点？经营级的人要了解这个行业发展的趋势，当他了解了这个行业发展趋势的时候，他才能看清行业未来两到三年的发展方向，才能制定正确的战略。

接下来是职位这条边，到了这个级别，建议各位看两到三本管理顾问方面的书，对于企业怎样分析诊断、策划、推行、营销都会有一个更清晰的过程。

最后是合作这条边，合作这条边要学习心理咨询师的课程，或者学习心灵修炼类的课程，各位想一个问题，我们到底要不要做心理咨询师呢？请问您要不要跟您的员工谈心，要不要激励他，让他有激情地工作，所以您要学习这方面的课程，这样您的水平就会越来越高。

上篇 经营模式

　　战略级：首先看行业这条边，也要做到两点。第一点，战略级要拥有行业领先性的技术，战略级的人已经把这个企业做到上亿元的营业额了，这时候他要不就是自己研发一些技术，领先于同行业；要不他就找别人合作，购买其技术。总之，要拥有行业领先性技术。如果没有拥有行业领先性技术的话，您就不能做到上亿元的营业额。

　　第二点，必须要研究经济学。所谓经济学的概念是因为经济发展的过程中出现的各种因素，可能会导致我们这个行业发展状况的改变。这是需要我们去研究的。所以到了这个级别都会参加一些论坛，这个论坛不仅是行业的论坛，也有政府的一些论坛。其实这个时候我们要研究的是整个大环境对这个行业发展的影响是什么，需要这些资讯的支持，有了这些资讯的支持我们才会看得更远。

　　职位这条边到了这个级别主要是解决高层管理运行的问题。建议各位可以看看管理大师彼德·格鲁克所写的一本《管理的实践》，这本书大部分是讲一个企业高层管理运行的问题。同时还要看战略管理方面的书，因为在这个阶段经常要研究一些战略性的规划问题。合作这条边，要看社会学。到了这个级别，企业员工已经是500人、1000人甚至更多，您会发现有一些人在这里结婚、在这里生子，甚至在这里退休，还有人在这里做了坏事离开了公司，这已经是一个小的社会了。所以在这个时候，您要考虑这样的问题，您是社会的一份子，您该怎样融入到这个"社会"里面，否则的话这些人就不会长期在您的企业里工作，这是对战略级的一个

基本要求。

以上就是个人成长的本质需求，也就是需要我们解决的知识面瓶颈问题。现在问题我们清楚了，也知道该怎样解决了，但关键是该怎样落地呢？

（三）个人能级及成长解决方案

对于"学习型组织"这一词汇各位并不陌生，在四五年以前是非常流行的。但是为什么现在倡议的人却越来越少了呢？想法是好的，可实施起来却收效甚微，因为他们没有找到一个有效的方法。其实也并不难，只需四步就可以达到我们想要的效果。

第一步，组建图书室：把所有级别中每个职位的书全部列出来，按照能级的要求组建图书室。

第二步，组织图书会：图书会是六到八个人一组，各位注意，是同一个能级的人在一起，最好是同一个部门的人在一起。如果部门人数不够多，那就只能把他们组织在一起了。同时，要求每人每天至少看 15 分钟的书，每个月看一本，大概是这样的进度。

第三步，组织分享会：每个月有一个半天或者是一个晚上，大概是三个小时左右，要求每个人都必须在这里讲课，也就是分享。分享他看的书里面好的内容，分享时间要在 15 分钟以上，各位想一个问题，如果他没有看书他能不能讲出来？

第四步，定处罚制度：如果他没有看书分享不出来，就把他的薪水

上篇　经营模式

扣除10%，这10%做什么呢？用来买书，当做这个学习型组织的活动经费。经过这样的运作，最后您会发现每个人每个月都能看一本书。那各位想想您的员工会不会跟着您的企业能级成长上去，每当您的企业规模翻一倍时，这里面的大部分员工都是我们自己培养出来的。如果再不够可从外边招进来，这样就比较容易了，这才是一个良好的运行模式。而且有了这个学习型组织的影响，每个人都会读书，每个月都会看一本书，每年就能看12本书。那么请问各位，这样的话您企业员工的成长速度快不快？这样就能达到企业发展的相关要求了。

PRACTICE

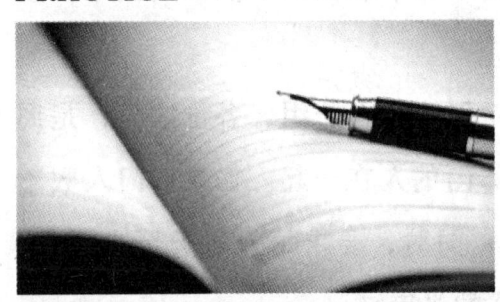

练习：以您的企业为例，做出企业现阶段个人能级成长的本质需求以及企业个人能级成长的提升计划来。

10

上篇 经营模式

十、企业持续成长基因

上篇　经营模式

（一）技术创新

我们研究的问题是持续成长，每个企业家都想建立一个可持续的成长型企业，那我们怎样才能做到呢？什么样的原因才会导致您的企业持续成长的呢？

有些企业可以持续的成长，是因为这个企业的基因优秀，这个基因植根在创办者的大脑中，植根在他所有员工的大脑中，这里面有两个基因，一个是技术创新，一个是商业模式创新。现在我们就开始研究它的第一个基因，即技术创新。

在研究第一个技术创新基因之前，首先应研究一下什么是创新？有个非常重要的问题，为什么这家店的效率会比我们高呢？它做的同样的产品、同样的价格、同样的原材料，它的质量就会比较高，为什么？各位知道原因在哪里，这里有个最重要的概念是什么呢？其实是老板亲自下去做，做什么事情？顾客所需要的所有东西，做到了什么程度？顾客满意转介绍。然后把这套东西做完以后把它模式化定型下来，形成标准流程，可以用书面方式通过培训传授给员工。所以，员工的一套工作组合跟另外一家公司的员工工作组合是不一样的，组合在一起会形成比别人更高的效率，所以老板是做什么的？研究这个组合，设计这个组合，做这里面的每一个事情是谁在做？员工！这个组合是什么？是生产要素之间的配合关系。这个新的工作组合会导致什么问题呢？这个企业的效率会更高。值得注意的是新的组合过程称之为创新，企业家是做什么事情

上篇　经营模式

的？创新他的工作组合。有了这套新的成功因子，您就会比竞争对手更高，您的顾客就会买您的产品或者服务，所以您在这个时候会发现您可以变得更强大。但是一旦您做到的话，竞争对手就会模仿您，模仿以后各位有没有发现他的效率就跟您差不多了，这时候要不要再创新，把那个组合做得更好？所以企业要做的事情就是持续创新。

我们再来看看苹果公司，苹果公司有没有创新呢？各位认为在它的研发部是做手机技术的人收入高，还是设计外观的人收入高呢？是设计外观的人收入高。注意，不同的企业这个结构是不一样的，在早期手机还不是很发达的时候，您认为哪一个最重要，技术重要对不对？当技术重要的时候，苹果公司做得好不好？不好。苹果公司生产出来的产品是设计外观很重要，正如乔布斯说的那样：人的生命是有限的，应该专注于做一件事情，而且要把它尽量做得完美。这就是乔布斯，所以所有人看到苹果公司产品的时候都觉得很喜欢，那个外观太好了，界面很舒服，里面很漂亮。所以，随着顾客需求的不断变化，它的工作组合如果比竞争对手更好的话，是不是更好地满足了顾客的需求，所以它这个地方是一个创新。

举个例子，说一个60岁的老太太，她到了这个年纪以后，如果不研究新的东西，你想想她会怎样，她的想法有没有老化？老化了以后您再跟她聊东西就会出现代沟，会不会出现这个问题？同样的道理，您的企业也一样，您以前用的成功因子有没有可能比别人的效率要高，那个时

上篇 经营模式

候有没有生命？有！别人是不是把钱给了您，给了钱以后又有问题了。三五年以后各位都用这个方式了，您依然用以前的方式，但是另外的公司有新的创意、有新的运行模式，它的效率会更高，结果顾客就会开始买别人的东西。这时候您跟现在的顾客是不是已经有代沟了，那么代沟的根在哪里？注意叫创新的精神。创新的精神对于企业家来说，是您心里流淌的这种基因，可能没到三五年您已经创新出了一个新的东西，所以买iphone4的时候，iphone5已经在研发，买Windows7、Windows8的时候有没有发现Windows9和Windows10已经在研发，有没有这个问题？它有没有创新的精神？因为有了这个创新精神，所以哪怕现在您比我的效率要高，我会不会组合一个新的组合，比您的效率还要高？您有了这个基因，代表这个企业可不可以生存下去？如果没有这个基因慢慢就会老化，企业就会倒闭。所以，一家企业老与不老，最重要看的是企业有没有创新精神，一个企业有没有创新精神，最重要的是看有没有创新精神？是老板有没有创新的基因。如果一旦没有了这个基因，这个企业一定会怎么样啊，过个三五年以后您已经落后了，您的企业已经老化，企业还没做大就已经变成一个"老少年"了，一个企业老与不老跟什么有关系呢？和创新精神有关，苹果公司是不是已经挺大，已经有几十年历史了，但现在这家公司是年轻有活力的企业还是老化的企业？年轻有活力！现在看诺基亚是年轻有活力的企业还是老化的企业？老化的企业。因为它的创新精神不够，而且一旦企业有创新精神，您想把这家公司关掉都很难。为什么？比如说美

上篇　经营模式

国的可口可乐公司在 20 世纪 50 年代，当时百事可乐在与它竞争而且卖得很好。我们知道百事可乐的口味是偏甜的，所以可口可乐想针对自己产品的配方做一个改良，没想到由此引来了大批国民上街游行，抗议可口可乐公司的这一决定，所以我们看，改个配方都不可以，更别说您要把公司关掉了，您怎么关掉啊，您的产品很好啊，您的服务很好啊，您为什么要关掉，不许关掉，您不做我做，我们就应该做这个事情，注入了这家公司的生命，让它拥有一个成长的能力。

　　同样的道理可以用来理解员工，如果这个员工有创新精神他会怎么样，会不会改进工作？会。他如果今天改进工作，明天又改进工作，他有了这个基因，各位想想这个员工会怎么样，六个月以后呢？他的成长速度会非常快。所以，您的员工有没有生命力是跟老板有关系的，老板有没有灌输这种创新精神给他，因为您没有把这个基因植入到的您的企业里面，一旦植入到您的企业里面，想想一个问题，您做了一套成功因子以后教给这个员工，所有员工都致力于改进这个工作，每天花半个小时研究一下怎样改进，过半年以后会出现一个什么企业？创新的企业。这个精神一旦被传递出去以后，当他们会做的时候是不是代表他们可以做更好的产品了，请问这个员工有没有良好的生活，他来到您的公司期不期望有良好的生活？他有良好生活的原因是因为他做的产品或服务品质更好，所以提供给顾客的时候就有生命力。当规模变大以后我们就要做延续生命了，要延续生命就要做成长性的管理跟领导。成长型的企业要求

企业经营管理者必须是用一体化运行系统去经营管理企业。

技术创新有这样一个基本过程，如果一旦理解了这个过程的时候，您发现创新是很容易的。各位只要懂得了这个过程，任何一个员工他都可能把革命性的东西创新出来，创新的过程是传承、精进、突破、融合四个阶段。

传承：所谓传承的意思是首先有好的东西，然后再把好的东西延续下来，这是一个非常重要的过程。举个例子，各位如果想学资本主义，其实在中国很早就已经有了。各位如果看过晋商的历程的话，那个年代里边是不是有很多银行的运作，已经有了。其实，很多地方并没有发明真正的东西，传承是最快的，所以首先第一个是要进行传承。

精进：我们叫改进，这个是细节性的东西。当您学习了以后，您要去运用，在不断运用的过程中去改进、改进、再改进。改进您就会碰撞，碰撞的时候您会发现可以改得更好，这个过程就叫精进的过程。

突破：突破的概念是我要做到比以前更好，有个更高的要求。这个时候因为您前面学习完了以后，然后又精进。精进的过程中了解了事物的规律，这时候您再突破，我可以告诉您已经青出于蓝而胜于蓝了。因为当您再深入下去的时候，您有没有可能比学习的时候教您的老师改进得更好？会的，这个阶段会比他更好。

融合：融合是什么呢？我们发现原来的基本架构的东西、原来传承的东西已经青出于蓝了。这时候希不希望有更高的境界，这个时候怎么办呢？

上篇 经营模式

寻找新的东西进行连接和融合。

各位注意融合这个地方有一个非常重要的方面，是把相互之间不良的东西去掉。把好的东西放在一起，大部分人不明白这个中间的过程，往往是把老的东西全部改掉，有没有这种情况？一旦把老的东西全部改掉的时候，我告诉各位一个概念，就等于您实际上没有做过创新。

接下来我们落地技术创新的一个常用的方法叫作模仿创新，模仿创新也叫改进性创新。这种创新是这样的，还没有能力去把一个东西进行革命性的改变，它的基本结构没有能力改变，这个时候可不可以去模仿和改变呢？可以的。所以，这个时候选择第一模仿对象，第一个模仿对象是行业前五位里边成长速度最快的企业。前五位里面有一家公司是成长最快的。成长速度最快的企业是不是一定是第一位的企业？想想，八年前手机卖的量最大的企业是哪一家？诺基亚。但它是不是成长最快的企业？并不是。苹果公司才是，苹果公司才排第几位？才排第四位左右。

所以这个地方各位要注意，并不是说成长速度快的就一定是第一位，您要模仿第一位，还是模仿成长速度最快的呢？注意，是模仿速度最快的那位。接下来我们第二步要做的事情是扮演顾客，您自己就扮演顾客去那家公司接受服务，想想为什么要扮演顾客？亲身体验，到底顾客在这个过程中的感受是怎样的，把这些东西全部记下来。然后第三步您就要学习它的优点，第四步改进您的缺点。您扮演顾客的过程中会不会知道哪一些东西好、哪一些东西不好呢，可不可以感受出来？可以的。

接下来我们做第五步，选择第二模仿对象。第一位模仿对象是成长速度快的，第二模仿对象是谁呢？是模仿别的行业，为什么要模仿别的行业呢？是因为解决同样问题他比这个行业水平高，模仿别的行业处理同样的问题比您这个行业的水平高，他的运作方式有可能跟第一位不一样，然后这时候我们把两个进行融合，两个一旦进行融合以后，您就会发现这个模仿创新已经产生了。

各位看到这里，现在有没有信心打垮第一位？知不知道该怎样打垮第一位？任何一个人，您只要运用这个方式，您都会做出一个比第一位的模式做得更好的方案出来，这是模仿改进的创新。

（二）商业模式创新

管理大师彼得·德鲁克有句名言：当今企业的竞争，不是产品之间的竞争，而是商业模式之间的竞争。

什么是商业模式？答案五花八门。我个人认为最简单、最明确的答案就是："利益相关者的交易结构。"20世纪80年代和90年代中期春节联欢晚会不可或缺的著名笑星陈佩斯近年来转战话剧市场，推出了《托儿》等不少好作品。一直有人认为陈佩斯不上春晚而选择做舞台喜剧是因为可以赚更多的钱，但据2005年12月14日《北京娱乐信报》报道，陈佩斯自己解释说："为了做好舞台喜剧，这几年我损失了2000多万元个人收入，我现在只是一个中下等收入的普通中产阶级。"陈佩斯粗略地算道："我自己走穴一次也能收入十几万元，但现在我们一场演出一

上篇　经营模式

共才卖十几万元的票，这其中包括演员们的报酬。我现在的车是桑塔纳2000，已经开了8年，几乎成了演艺圈的笑柄。我从来不去高档餐厅吃饭，我身上穿的毛衣都是10年前买的便宜货。"但20世纪90年代中期才开始出现在春晚的著名笑星、小品王赵本山从东北二人转的全国推广，到《刘老根》《马大帅》系列电视剧的拍摄，在创作和商业上都获得了成功。据说《马大帅3》仅播出权就卖了6000万元，成为国内最赚钱的电视剧之一。冯小刚看准春节前的一段时间，是观众最愿意走进电影院的时间，推出了"贺岁片"的概念，是连续7年贺岁片票房冠军的创造者。巅峰之作《天下无贼》票房高达1.25亿元；2008年的《集结号》更是将票房收入推到了2亿元的新高峰，还有这两年推出的获得更高票房的《非诚勿扰》第一和第二。同样的努力，结果差异为什么就那么大呢？撇开艺术创作因素，从商业模式角度看三位导演的商业模式，陈佩斯兢兢业业从事剧本创作，个人斥资进行制作和演出，获得有限的剧场票房收入，陈佩斯采用的是传统商业模式。赵本山凭借个人的巨大声誉和良好的人缘，拍摄场地由地方政府赞助，明星朋友零片酬友情演出，以极低的成本完成了影片拍摄，最终获得了成功。而冯小刚则充分利用可能的商业机会，不仅仅是观众走进影院获得的票房收入，他还通过在电影《天下无贼》中，以各种形式植入广告获取巨额利润，例如有润滑剂、汽车、手机、银行卡，甚至网站、通信运营商等，实际上冯小刚是将原有的成本环节转化为了收益环节，将利润点遍布在产品生产价

值链的各个环节之中，投资人和自己赚得盆满钵溢，广告商和观众也皆大欢喜。这就是"利益相关者交易结构"的完美设计，不同的商业模式决定了不同的企业结局。

那该怎样设计您的商业模式，我们要思考三个问题：一是不断思考谁是您的"利益相关者"，二是要分析这些"利益相关者的交易结构有什么价值可以交换"，三是要设计共赢的"交易结构"。

具体的路径是：

1. 您的"定位"是什么？
2. 建立什么样的"业务系统"？
3. 选择哪种"盈利模式"？
4. 需要哪些"核心资源能力"
5. 构成怎样的"自由现金流结构"？
6. 系统化的价值链的设计与重组？

接下来我们逐一展开来说：

1. 您的"定位"是什么？客户精准定位、隐性核心需求。一个企业要想在市场中赢得胜利，首先必须明确自身的定位。定位就是企业应该做什么样的顾客，这样的顾客决定了企业应该提供什么特征的产品和服务来实现客户的价值。但是如果您的企业满足的只是客户的小需求，那么只是一家能够生存的企业，如果您的企业能够满足客户的核心需求，那么其将是一家可以快速发展的企业。如果您的企业满足了客户的隐性心需求，那么您的企业就可以脱颖而出，成长为一家上市公司，甚至成长为一家伟大的公司。什么是客户的隐性需求？隐性需求就是您的客户无法清晰表达的需求，或者说您的客户无法公开表达的需求、您的竞争对手还不知道的客户需求，或者说行业内都知道但却没有人能够满足的客户需求，只有找到并满足客户的隐性需求，企业才能在竞争中赢得先机，才会找到商业模式里的一个良好开端。

  2.建立什么样的业务系统？业务系统是指企业达成定位所需要的业务环节、各合作伙伴扮演的角色以及利益相关者合作与交易的方式及内容。也就是企业收入以哪种产品、服务、从哪个阶段、以哪种方式来获得？收入的可持续性（黏性）、爆炸式增长潜力如何？这方面主要就是告诉各位该怎样赚钱？而且还不是传统的赚钱方法，也就是获得长期高额利润的方法。我们来看一个非常典型的案例，新浪、搜狐、网易等中国门户网站是如何构建自己独特的收入模式的？门户网站对网民浏览是免费的，亿万网民成为了门户网站最直接的用户，但却是免费模式，通过网民的免费模式使得门户网站的网民规模在短短几年时间里达到了几千万元甚至上亿元，那他是怎么赚钱的呢？就是我们后来看到的网络广告，新浪的广告直到第六年才能够实现盈亏平衡。今天的门户网站最赚钱的是什么？答案是网络游戏。网易的网游规模非常大，搜狐在金融危机中将网络游戏部门（畅游网）分拆再上市登陆纳斯达克，新浪网过去在网游方面一直都不成功，目前也在不断重磅加大对网游业务的投资。

这就是业务系统讲的核心,即收入以哪种产品、在哪个阶段、以哪种方式来实现。这就需要企业家、创业者进行准确而独特的创意与设计,收入获取方式、阶段、产品的设计应与竞争对手不同,越是依靠与众不同的模式实现收入,企业的竞争门槛就越高。与此同时,企业收入的可持续性(黏性)和爆炸的增长潜力有多大?这也是商业模式业务系统倍增模式的关键。企业开发一个新客户,其成本是维护6个老客户的成本,几乎每家企业都是如此。所以,在这种情况下企业能不能实现高重复购买率,黏度到底有多大?这也是商业模式必须要回答的问题。为什么阿里巴巴赢得了资本市场的高度认可,因为它的重复购买率已达80%。在美国有一家软件公司Salesforce.com,被认为是和谷歌、微软一样拥有远大前途的五家软件公司之一,为什么Salesforce.com会受到美国资本市场的认可,就是因为它的重复购买率达到了惊人的98%。这也就意味着,今年一开张,去年98%的客户都会注定购买您的产品,这样的公司将会水涨船高,其营运能力将会相当惊人。

3.需要哪些核心资源能力?业务系统决定了企业所要进行的活动,而要完成这些活动,企业需要掌握并使用一整套复杂的有形和无形资产、技术与能力,称之为"核心资源和能力"。高竞争门槛,掌控核心资源,他人不可复制。这一部分往往是VC投资也就是风险投资公司的关键支撑点,因为凡是掌握了不可被复制能力的企业便有了竞争的门槛,就有了高竞争门槛的定价权基础。有了定价权就可以获得高利润,

上篇　经营模式

可持续的利润。核心就在于要掌控核心资源，这种核心资源可能是一种独特的能力，可能是一种独特的政策保护优势，可能是一种高新技术，可能是一种稀缺性的原材料，但不管怎样，您要能够掌控核心资源，您有的核心资源别人没有，那么您就掌握了话语权。

4.选择哪种盈利模式？盈利模式指企业如何获得收入、分配成本、赚取利润，在这里我要讲解的核心是成本怎样革命性地降低。注意，我这里讲的是革命性的降低，如果成本从100元降到90元，那不算是革命性降低成本，只有当公司的整体成本下降接近一半的时候，我们才称之为革命性地降低企业成本。怎么样才是革命性降低？不是靠省吃俭用，也不是靠压制，亦不是靠克扣员工的工资，那靠什么？靠商业模式的设计去实现企业成本革命性的降低。

5.构成怎样的自由现金流结构？自由现金流结构是企业经营过程中产生的现金收入扣除现金投资后的状况，反映了采用该商业模式的企业的投资价值，是评判商业模式优劣的标准。

6.系统性价值链的设计与重组，指的是企业的上游、下游、客户如何共同形成一个完善的商业生态系统。当今的竞争，已经是价值链之间的竞争、系统之间的竞争。

以上六个方面是商业模式的设计路径，那么该怎样创新呢？其实很简单，依托于商业模式的设计路径，我们找到新的可以增长利润的组合，也就是在您企业的上游、下游、客户之间如何形成一个重组，形成一个完善的商业系统，对我们而言这就是商业模式的创新了。

PRACTICE

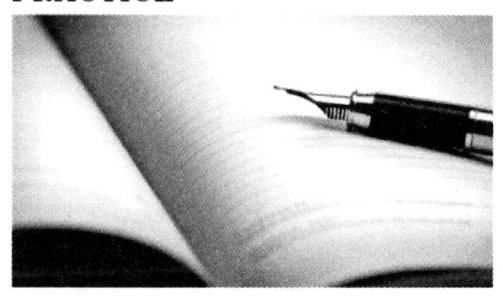

练习：以您的企业为例，做出您企业的模仿创新方案、商业模式创新方案来。

11

上篇 经营模式

十一、企业快速发展模式

（一）何为连锁经营

前面谈到了一个观点，那就是任何一个企业家都想建立一个可持续成长的企业，但企业怎样才能持续成长呢？接下来我们研究一下企业快速发展的模式——连锁经营！各位想想，沃尔玛共有多少家连锁店？上千家对不对。还有麦当劳、肯德基等等连锁企业，那他们到底是怎样发展的，怎样进行管理的呢？这是我要与您探讨的问题。

首先，必须明确一个非常重要的概念，其实任何企业都可以发展成为连锁经营，只是有很多人并不清楚连锁经营的核心是什么？在中国各位知道最大的企业是什么企业？中石化！中石化是什么企业？各位认为它不是连锁企业？我们可以看到在全国各地有很多加油站，每一家加油站都是它的连锁店，除了中石化以外中国工商银行是全球最大的连锁企业，日净利润达到6亿元。

所以这里我发现了一个问题，就是对于企业来说，您要变大的话一定是营业额很大、经营区域很大，当您做到营业额很大、经营区域很大的时候，一定是在不同的区域里面对您的样板区进行复制。在个体户阶段我们复制成功因子、在公司化阶段我们复制基本生意单元、在部门化阶段我们复制管理中心，每个阶段都需要不同的管理系统。原先可能就是一家店或者是一家公司，经营得很好就想要开始复制了，把这个成功因子或者把这个基本生意单元模式化定型下来，使它形成标准、流程、书面的东西，可以通过培训传给员工，当然还有经营模式、管理架构、

上篇　经营模式

运营系统把它模式化定型下来，并开始复制。其实这是发展连锁经营最原始的思想，下面我就来详细讲解一下连锁经营的核心秘密。

首先要研究一下什么叫连锁经营？从概念上讲，连锁经营是一种商业组织形式，是指经营同类商品或服务的若干个企业以一定的形式组成一个联合体，把独立的经营活动组合成整体的规模经营，从而实现规模效益，它是一种经营模式。

具体的连锁经营指的是什么？

1. 顾客：从顾客的角度认为什么才是连锁店呢？看这个店的样子跟另外的店的样子是一样的。统一装修、价格统一、产品一样、统一的品牌，还有呢？统一服务、统一形象、统一管理、统一培训。还有呢？其实我可以告诉您，刚才所有的这些方面并不是顾客的看法，是谁的看法呢？是诸多加盟商的看法，因为在顾客的心目中首先是口碑，什么叫口碑呢？就是他的产品或者服务要非常高，高到可以形成传颂的要求。

解释一下，口碑在这里面叫作传颂，传颂的意思是我在这家店吃的东西很好，我会介绍我的朋友去吃，当我介绍我的朋友去吃的时候，我的朋友也觉得非常好。

所以，它的品质一定是要比普通店的品质高，如果品质不高您去做连锁店是做不起来的。今天如果进麦当劳吃一个汉堡包，第二天我们进另外一家店吃汉堡包，发现这个汉堡包与昨天吃的口味不一样，不是很好吃，这时候我们认为它是不是一家连锁店呢？不是的。所以要形成口碑，这是第一点。第二点是这种品质是否可以统一复制，这种高的品质是否可以统一地进行复制。所以说发展连锁首先要具备两点，第一点是它的品质是否可以形成传颂，第二点是它的品质是否可以统一复制。

2.终端加盟商：什么叫终端加盟商呢，就是您开一家店，或者开一家加盟厂。这时候加盟您的总部，他作为一个终端营运机构直接服务于他的顾客。我们觉得这个店很不错，结果我们自己就想开这个店，所以您就会跟他的老板去谈加盟的事情。连锁经营就两种情况，要不就是您要加盟别人做连锁店，要不就是您自己做总部，然后让别人加盟。对于终端加盟店来说，他认为什么是连锁经营呢？

要有核心的技术！产品与服务要怎样呢？都要做得比较好，要做到口碑的程度，还要有技术培训。既然做连锁经营肯定会有一种模式，那是什么模式？怎样开这个店、怎样选址、怎样培训？这都是我们要关注的问题，但是这些却都只是表面的东西。

做连锁经营的核心是什么？

第一个方面：称之为操作性的技术系统。所谓操作性技术系统，就是我们所说的所有的员工如何工作，然后做到口碑的品质出来，即产品跟服务的口碑。

第二方面：管理的操作系统。什么叫管理的操作系统呢，管理人员如果没有复制，代表他管理员工的方法一样不一样？不一样。管理员工的方法不一样，代不代表这个员工做的东西是一样的呢？每个人管理方法不一样，导致了员工的工作结果不一样。这时候如果没有管理操作系统的话，请问他是否可以把这个结果做成一样的呢？比如员工做汉堡包，每个员工做汉堡包一样不一样？不一样。但是我们给他一个统一的标准去做汉堡包、统一的方式去做汉堡包，他们做的一样不一样呢？一样。所以，假设您要加盟一个连锁店，就要问老板一个是操作性的技术系统，第二个是管理系统，如果发现没有管理系统，这时候要不要加盟这个店呢？千万不要加盟，因为您是去加盟没有管理的店。

第三个方面：就是经营模式，也就是说他必须要有经营模式。我们从哪里进原料、租金有多少、有多少个员工的费用，最基本的生意单元组合是怎样的、一个月能够做到多少业绩、总体加起来能够赚多少钱？他要告诉您在什么地区开、在这个地区开以后有多少顾客来、这些顾客有多少整体的消费力、平均一家店可以做到多少营业额，最后我们的利润是多少？这时候是不是要有一个盈利的模式，而且这个盈利模式可不可以非常清晰地告诉我们，如果他没有清晰地告诉我们，就代表他是没有办法复制的，所以这时我们是不能加盟这家店的。

3.区域加盟商：什么叫区域加盟商呢？在连锁经营的体系里边这样的情况是非常多的，也就是他并不是加盟一家店，而是在这个地方要求把整个区域都拿来做。把整个南京市场给他做，或者把整个无锡市场给他做，或者是整个一个东北市场都给他做，有没有这样的区域加盟商？太多了。做区域加盟的目的是什么？其实真正的目的是终端商，在这个区域如果有加盟商要加盟，是要加盟总部还是加盟区域加盟商呢？区域加盟商。他做这个区域，这个区域所有的加盟店都要同他进行合作，他就会赚到更多的钱。所以，要做到上面讲的三大方面，即操作性技术系统、管理系统、经营模式。这里面还会产生一个问题，他加盟您后，把这三个方面都复制了，他有没有可能复制完了以后就不与您合作了？但是仅仅能复制这三个方面还不够，那还需要什么呢？他必须还要定期给您钱，那他为什么要定期给您钱呢？您必须要有一个持续支持他的体系，区域加盟商最重要的是要支持下面的店，因为这个支持体系的缘故，所以顾客才买您的产品，这个店才会进您的货，否则他不会进您的货。这是不是代表您的钱链就断了，是不是代表他已经不做您的加盟了？这个事情产生的原因就是您的管理体系和支持体系。

4.连锁品牌商：您首先要想一个问题，我们为什么做连锁总部，原因在哪里？最核心的原因是我们不够时间开那么多家店，那里的顾客很需要我们的产品和服务，但是我没时间去做，然而我又想赚那里的钱，即使您去做，那么您可以解决管理人员跟资金的问题吗？

这里面有一个重要的概念，您如果只为了解决管理人员跟资金的问题而去招加盟商，其实您现在并不是连锁，那什么是连锁呢？您要把这家店当成您自己的店一样进行管理，这样才可以说懂管理。各位想想，您的管理级别要不要比这些加盟商的级别高一个等级？他如果是店，您就要具有一个多店的管理体系，如果他是有一个多店的管理体系——区域加盟商，您就要具有一个多营运中心同时运行的能力。所谓加盟的概念就是，这个钱不是我们公司投的、这个风险不是我们去承担的、这个老板变了另外一个人，除了这些以外，所有的管理都要一致，这才叫连锁经营。很多人收了加盟店的钱就不管了，有没有这种情况？我的建议是让他进行学习，学完了以后他可能并不是真正达到了那个标准，这时候总部必须要有管理体系去支持他达到那个相应的标准，这样才可以。也就是说，支持到区域加盟商、支持到下面的连锁加盟店，这样才能真正符合总部的标准，这才是我们所说的连锁品牌商的概念。

（二）连锁经营的类型

连锁经营的类型其实也是连锁经营的发展历史。

1.产品连锁：所谓的产品连锁是这样的，在这家店里边卖的产品只能卖我们的产品，它叫专卖店。您愿意全部专卖我们的产品，先拿一笔款进货，而且往往我们就会给他一些装饰的费用。因为那家店是我出了装修费的，所以您不能卖别人的产品，这就变成产品的连锁了。

2.技术连锁：随着时间的推移，我发现一个问题，这个产品能不能卖得好，服务能不能做得好，仅仅有产品是不够的，所以这个时候就产生了技术的连锁，最明显的是在美容行业。在美容行业最开始做的一件事情是派美容导师到下面的美容院去做培训，培训美容师的手法。这样技术连锁就逐渐产生了，以前是产品连锁，但是后来我们发现，如果要把一些事情做好的话，必须要有技术的成分在里边。所以到了后期更多的连

锁店我们发现是有技术含量的连锁店。

3.形象连锁：也就是我挂您的品牌，对于您的品牌来说，店面装修造型要一致、形象要一致、服装穿着要一致、用具要一致，这就是在这个阶段里面进行连锁发展的形象连锁阶段。在形象连锁阶段，它跟以前最大的区别在哪里呢？我们认为这家店就是我们的店，在产品连锁跟技术连锁阶段，当人们说到那家店的时候，并不认为他是我们的店，他只是拿我们的货而已。但是在这个阶段，他已经代表您公司的形象了，包括他的产品、他的服务等等。甚至我们发现有很多服务细节也是一致的，比如退款条例、打折、价格统一，这就是形象连锁了。

4.管理连锁：这里边有一个词语，这个词语叫作特许经营，特许经营跟我们一般的加盟连锁有什么区别呢？有很多人说我加盟了、代理了，准备做这个事情，但是讲到特许经营它就一定是管理连锁。如果真的按照法律上所说的特许经营，它有一个要求，是必须您在专利局有多少个专利，他才能允许您做特许。您要做特许的时候，您的管理制度、您对员工的要求、您的所有方面都必须跟总部是一致的。因为您做得一致，所以我会特许您代表我的公司进行操作及经营，但是这个经营的风险是由您去承担的，也就是我特许您代表我的公司去管理这个区域，我给您一个代表的权力，这是一个很大的区别。各位想想，如果您现在去麦当劳或肯德基的话，您认为到底在您的概念里面有没有加盟店和非加盟店的区别呢？每一家店有没有代表总部的形象？代表了对不对。所以这个才是我们所说的连锁经营店,因为您即使去这个总部开的直营店,跟去这个分店开的直营店、分店开的加盟店,其实作为顾客来说没有任何区别,所以在您签的协议里边就会非常明确,哪些是按照总部的制度去进行执行的。只有做到这些,才能进入到管理的连锁。

5.经营连锁:什么是经营连锁呢?之前我们是连锁不同的方面,一开始连产品,后来连技术、连形象、连管理,现在是连经营,是您跟我进入到一起经营的概念。比方说现在麦当劳在中国加盟的方式是区域加盟,而且有很多地方的加盟是这样的,往往麦当劳的总部会投资50%。这时候您如果用这种状态去加盟麦当劳的话,各位想想其实您跟麦当劳是不是一起经营的?只不过这个店的经营权由您去进行管理,但是整个技术管理都是用的麦当劳的体系,他也与您一起投入了资本,这种类型称之为经营连锁。

(三)连锁经营店的发展趋势

连锁经营店的发展趋势有两种:

1.大与小:是一大一小,不要中型的,要不就变成很大,要不就变成很小,一般大店是100到150平方米左右,小店是很小很小的那种。我建议各位千万不要去开中型的店,中型的店往往会有问题,很难赚到钱。小型店跟大型店,这两种店是常规去选择的。

2.专精店与复合店:什么叫专精店呢?专精店的意思是某一类型的产品非常丰富,量很多,这是专精类型的店。复合店的概念是什么?它的功能很多，比如说看咖啡店，星巴克与其他咖啡店有没有区别？比方说与零点或者是上岛，这些咖啡店里面通常是有东西吃，环境也比较好。咖啡店现在有一个发展趋势，第一种趋势是变成只喝咖啡的地方，比如星巴克。第二种趋势是，咖啡店里面有中餐，中餐店、咖啡店、喝茶的地方、聊天的地方，有没有发现已经变成一家什么店了？复合店。一个是专精店，一个是复合店。

这里向您介绍一家店，有机会各位可以去考察一下，是在长沙叫金牛角，这家店是咖啡店，它的特点是什么呢？第一点它是传统的咖啡，第二点它的楼下有一个小小的舞池，所以在晚上它就变成了一个小的歌舞厅，然后到了11点就变成蹦迪的地方了，第三点它是两层楼的，在楼上也有一个区域，喜欢安静的人就在楼上，楼上还有一些厅房，这些厅房是怎样的呢？各位会发现一个情况，这些厅房里面有很多的椅子在后面。经常上班的时候需要开会，然后到了中午，每个人在这里吃个商务套餐，每人80元就可以了，然后您可以用它的整个大厅来开会，变成办公室了，所以您想一想，这家店的人流量高不高？非常高。从早上开始，到中午吃饭，到下午喝下午茶，然后开会。而且它还有一个大厅，大概可以坐50人左右。如果您的公司有各种活动或者是生日会，都可以在那里举办。然后晚上可以在那里喝喝酒，下面还有小水吧，到了晚上还可以跳舞，晚上9点多的时候会有一些歌手来唱歌。其实，您有没有发现一个问题，我们自己唱得也比较不错，所以这个成本并不多，想想它既是歌舞厅，又是餐厅，又是会议中心，又是休息的地方，又是吃午餐的地方，各位想它的人流量高不高？非常高。有时间的话您可以去那里考察一下，这种业态其实是很典型的复合店。

（四）单店运营模式

上面说到的可以把它比作是连锁经营的硬件系统，下面来介绍一下连锁经营的软件系统，也就是单店的运营模式是怎样的？

1.操作系统：如果操作系统做不好，代表我们的员工做的事情就做不好，就会有问题产生。比如说怎样吸引新客到您的店里面，连锁店叫纳客模式。您的模式是怎样的，您是在外边派单呢，电话营销呢？还是有什么促销手段呢？新客进来以后就有新客服务了，您就要研究顾客初次购买后如何变成长期顾客，我们叫作长客服务模式。长客服务模式没有问题，接下来就要研究如何形成转介绍顾客，我们叫作传颂服务模式。而且服务过程中有没有可能新客和老客的服务形态是不一样的呢？所以我们就有不同类型的顾客，服务的方式也要进行区别，这个区别就是在我们完整的操作系统之上。透过这个操作系统，就可以让整个顾客产生相应的结果了。针对这个方面，您可以参照我们前面所说的"业绩倍增系统"。

2.管理技术：管理技术就是管理人员怎样监督操作人员把这个产品或者服务给做出来，管理人员最重要做的事情是什么呢？如何监督下面的员工按标准去做，但是在这个监督的过程中您会发现，您越监督，下

面的员工就越不接受监督,所以有一个重点,如何发动员工的积极性是非常重要的,我们会在管理技术部分里详细加以阐述。

3.经营模式:什么叫经营模式呢?这是老板与高层管理人员所要研究的问题,研究什么问题呢?企业的经营运作与组织运作这两个大的体系,经营运作研究的是企业怎样经营的问题,也就是我们的经营模式的内容。组织运作研究的是企业怎样管人的问题,包括组织规划、组织控制、分工、薪酬、激励机制等方面,我们会在管理技术里详细加以阐述。

4.投资循环:在投资一家店或者几家店的时候,有没有发现不只是一家店在运作而是多家店在运作,当您有多家店在运作的时候,对财务管理就要有一个模型存在了。当然,这是资金运作的问题。

(五)管理中心

对于连锁店来说,各位认为连锁经营是以单店运营为核心还是以多店运营为核心?是多店。所以,管理连锁经营最重要的是您如何建立一个管理中心可以营运多家店,这是核心的地方。

首先来看看管理中心的组织架构(如下图),基本上管理中心CEO就是老板了,然后就是常说的营运部,营运部会有营运经理,营运经理在管理每一个店的店长,拓展部负责把一些新店开起来,有技术培训部,管理培训学院或者叫管理培训中心、行政部,这就是管理中心的整体组织架构。

上篇 经营模式

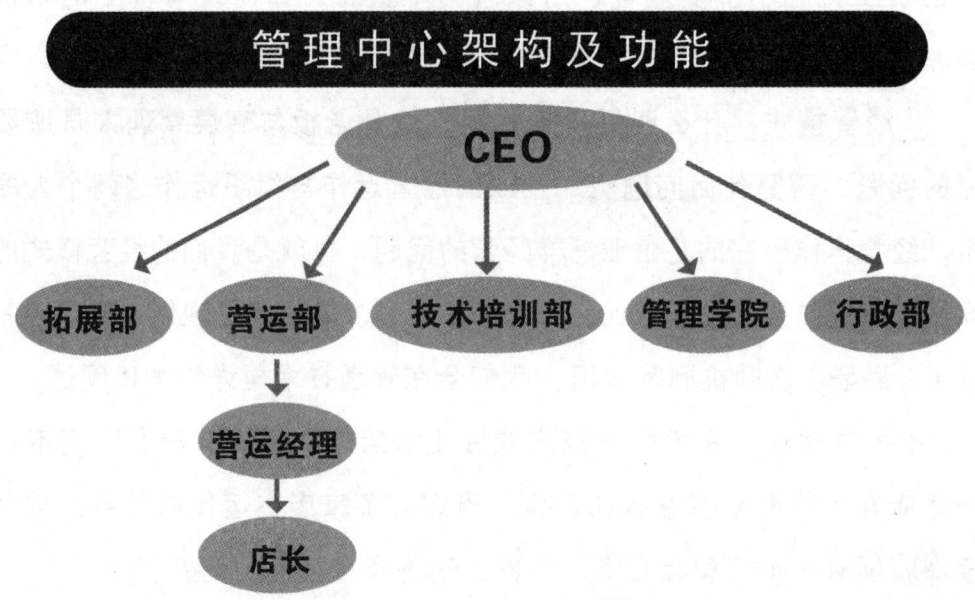

下面我对每个部门的功能进行一下详细的阐述：

1.拓展部：拓展部主要是负责开新店的，同时有没有可能在您运营的过程中某个店是有问题的，这时候拓展部做什么事情呢？把那家做得不好的店当成一家新店从新来整理，因为拓展部的部长是由非常优秀的店长提升起来的。那他可不可以把这个店做得很好呢？可以的。各位注意这里面有一个重点，那就是当您开新店的时候即使已经有了一个店长，也要再进行多重不断的提升，这样就会有很多店增加了。前面说到四大增长要素盘点，其中有人员盘点，其实对于开店来说，最关键的就是要找到合格的店长。

2.营运部：营运部有营运经理，由营运经理管理下面的店长。您要注意，这个营运经理不但管店长，还替老板做老板以前所做的事情，想想以前老板开一家店的时候，他是不是只管店长？除了管店长以外还要做什么事情？经营、决策、用人、培训。有没有发现一系列问题。我们开新店，包括这个店要装修，同时他还要研究竞争对手的状况，以及行业的概念，当您开到第三家店之前就必须要有一个营运部了。

3.技术培训部：主要功能是培训员工。这个部门一开始并不用很多人，一两个人就足够了。您只要找到一个喜欢培训员工的店长，把他抽调上来做培训部部长，让他培训员工，这就是我们的技术培训部。

4.管理学院：主要功能是培训店长、培训营运经理。随着时间的推移，您会发现拓展部已经开了越来越多的店，这时候会出现一个问题，能够开多少家店已经不取决于拓展部了，因为开店的模式已经形成，最难的方面是到底有没有那么多店长、到底有没有那么多营运经理？这时候需要做什么事情，很重要的一点就是培训管理人员。第一个是培训店长，第二个是培训营运经理。

首先研究一下培训店长，培训店长怎样做呢？您认为要培训出店长容不容易？不容易。为什么不容易呢？因为我们已经开了四五家店，您已经把很棒的人全部变成店长了，如果他已经变成店长了，剩下的都是底层员工，这个时候您要找到更多的店长是很难的，所以要做储备店长培训计划。

上篇　经营模式

这个计划是这样的，招聘刚毕业一两年的大学生作为储备店长人员。

培训步骤：

（1）培训的时候，每周要集中培训至少一天到两天时间；

（2）其他时间要到各个店，到店有两件事情要让他做，第一件事情是把这家店最难的问题交给他处理，第二件事情是找这家店里边最没有水平的一个人给他带；

（3）每个月会换一家店；

（4）去到的每个店要写个书面的建议；

请教您一个问题，每个月换一家店，3到6个月以后，请问这个大学生会变成什么样的人？第一，他专门是攻坚的，有任何难度的问题都由他去处理，这时候就可以进行比赛了，谁获得比赛的第一名，就是即将开设新店的店长。那么，这些储备店长会不会比赛？所以这个时候您有没有发现他的适应能力高不高？而且他又会跟不同的店长配合，这时候有一个问题，老店长怎么办？最着急的是老店长，老店长已经变成"老油条"了对不对？但是他之所以变成"老油条"的原因是由于他觉得没有人可以替代他，是不是这样的概念？但是过了三个月以后，您想有多少人可以替代他？五六个人可以替代他，这时候他会不会紧张？那他就要很努力地工作了。当新来的店长开了新店以后，我们就可以做一个事情，让新店的店长与老店的店长进行PK，我们的效益自然而然也就提升起来了。有了这个概念以后，就可以大量培训店长了，店长储备足够之后，就

可以开更多的店了。另外一个是营运经理，那营运经理该怎样培训呢？难了，培训一个营运经理等同于培训一个老板出来，这个培训难度太大了，那该怎样培训呢？一方面是各位要把他送到类似业绩倍增模式这类课程来学习或者系统学习MBA课程；另一方面，除了管理外，行业知识方面要不要提升呢？所以这个时候各位注意，第一个是外派去培训，第二个是请专家过来帮助你们进行培训。也就是说，这个管理学院最后就变成了类似业绩倍增模式系统培训+外派培训+您邀请的行业专家来进行培训，这几方面合起来就形成了整个连锁经营培训大学。

5.行政部：主要功能是负责管理中心的日常管理工作。

（六）管理中心发展步骤

一般是从您开第二家店的时候开始建立技术培训部，做技术的培训是因为当您在开第二家店的时候发现员工的数量增加了，这时候就需要有人来培训员工，店长和老板是您自己坐了这两个位置。到开第三家店的时候就要设立营运部，也就是说要找到人来替代您这个老板的角色，这时就必须要有营运部了。没有营运部就没办法把这个事业做得更大。所以，营运部是一个核心部门，在开第四家店到第六家店的时候要设立拓展部。到开第七家店以后就必须要有个完整的培训学院，可能您会发现这样的问题，前面的四到六家店的店长是怎么来的？是最早期第一家店里面厉害的员工，是不是这个概念？这个员工是老板亲自带出来的然后到开第六家店以后就得建立管理学院了，这就是管理中心发展的步骤。

（七）全国连锁经营模式

全国连锁经营有三种模式：

1.大区模式：什么叫大区模式呢？就是基本上它把全中国大概分成了几个大区，即华东、华北、东北、华南、西南、华中，这是最基本的几个大区，每个大区其实会直接管到单店里面。举个例子，有人问佐丹奴老板，在广东省能不能加盟佐丹奴的店？佐丹奴的老板说："在整个广东省，基本上所有的街道所有的地方都已经满了，只有一个地方叫山水，那个地方还可以开店。"想想他是不是直接管理到每一家店，他的管理模式是这样的，管理中心里面有很多很多营运经理管理着很多家店，然后每一家店直接就有一个加盟商，加盟商老板的工作都有一位营运经理协助您做。管理我帮您负责，您就做老板，负责整个风险管控就可以了，这样他就可以把整个规模做大。这个时候，老板就开始复制跟自己一样的人了，他的能力跟您差不多，能够复制您，就又可以做一个大区了，这种模式称之为大区模式。

2.区域中心管理模式：区域中心管理模式的概念是这样的，您会建立一个总部，这个总部是支持区域管理中心的，变成了区域管理中心制，等于在管理中心上面做了一个总部，这个总部是复制这个管理中心的，如果我们用这种方式做这个管理中心的时候，您就会发现它的发展速度很快，这种模式叫区域管理中心模式。

3.小连锁模式：什么叫小连锁呢？我不收一家加盟店，我让您加盟

上篇 经营模式

的话就要做两到三家店，最多不超过三家店。所以，这个时候您可能要做的事情是这样的，支持他开三家店，员工的培训已经帮您培训、店长的问题已经帮您解决，想想这个老板的工作量是不是开始减少了？所以管两到三家店是可以的。您就收这样的加盟商。这时候您想一个问题，以前是找到一个人就只能开一家店，是不是这样的概念？而现在找到一个老板就可以开三家店了，而且这三家店请问他负责任的程度高不高？所以您现在的管理能力如果敢用小连锁的模式，大概您可以有多大的营业额范围呢？大概是您现在开的店数三倍以上的数量，假若现在是10家店的能力，您就可以开到30家店了。

这就是我们所说的一个全国连锁开店的三种模式。当然，做连锁是有很多种模式的，在这里我就不一一列举了，这三种模式是我们最常见的运行方式。

（八）连锁经营管理方法

连锁经营有很多管理方法，在这里我来介绍一下已经验证的常用的一些管理方法：

1.店长会议系统：店长会议系统是所有连锁经营里面最核心的内容，基本上如果没有建立店长会议系统，我们说您就没有办法把连锁经营做大了。店长会议系统是由营运经理负责召开的，每周店长都必须到总部跟营运经理开大概一天的会议。店长会议系统的流程安排是这样的：营运经理下面可能有四家店，比方说周六、周日我们可能很忙，所

上篇　经营模式

以通常周一的时候所有的店长都会到总部跟营运经理开会。

开会要做的事情：

第一，店长要做报告。报告什么呢？就是上一周这个店的营运状况，即目标有没有达成、计划要做的事情做了没有、做的结果怎么样；

第二，店长要做分析。分析什么呢？最重要的就是分析业绩流。包括入店量、新客服务、老客服务、绩效、相关的数据如何、转换率如何等等，这些就是他要分析的内容。他的目标完成没有，其实最重要的验证方法就是分析这些数据，分析这些数据会找出原因，业绩达成没达成的原因要找出来。如果这些数据没有做到的话，就代表他们可能有一些问题存在，这个时候我们就要研究如何做好这些方面了。如果他做了这些事情但却没有达成结果，就有可能是他的能力问题了；

第三，下周的目标以及计划；

第四，其他的一些杂事处理。比方说库存的问题，有很多各式各样的问题要在店长会议中解决，但主要是研究业绩的问题。

当这些人开完会以后，营运经理有没有控制下面店的下一周工作？控制了。上述议程完成以后，营运经理就会在这里安排相关的培训，这样店长会议就开完了。接下来这个营运经理在周二到周五，他可以有四天的时间，每一天做什么呢？做督导，就是下店。今天是下第一家店、明天是第二家店、后天是第三家店，这样就会不断地进行循环。这就是常规的店长会议，这个店长会议会支撑每一家店的正常运营。

2.神秘顾客：当您有这么多店的时候，想想您必须每周来一天，即使这样有没有可能关注不到店里面的实际状况，而且有没有可能您来检查的时候他们做得还不错，走了以后就会有变化，这时候就要利用神秘顾客了。神秘顾客，等于找个镜子完整地照一遍您的公司服务，看哪里有问题。一般来说每个月您都要找一些神秘顾客，可能是两到三个人，可能是新顾客，可能是老顾客，可能是老板的朋友或者是高层的朋友，他们如果发现员工服务有问题，这个员工就得被罚款。那么，您想想，对于员工来说，如果他知道公司有这样一个安排，当每一个顾客到他身边的时候，他知不知道是不是神秘顾客？他不知道，所以他要不要对每一位顾客都热情周到地服务？要的对不对。所以，您公司的服务品质自然而然地就会提升起来了。

3.找问题：找问题是这样的，通常这个月所有的店长都会到一家店里面找问题，找问题的时候有一个办法，按问题数进行奖励，谁找的问题多奖励就越多。比方说总共有五家店，然后有五个店长，另外四家店的店长都到这家店来，这时候他们要做什么事情呢？把这家店的问题给找出来，包括跟员工聊天了解到的情况、它的业绩状况，最后看谁找的问题越多奖励就越多。假设每个店长都找了10个问题，合起来就有40个问题了。把这40个问题都解决掉，下个月又有几个店长到下个店再去找问题，这样循环下来。大家想个问题，当他去别的店看到问题的时候，他回到自己的店这些问题他会不会改？这样，我们就会发现，各店存在

的问题将越来越少。

4.联合广告：就是各个店集中在一起做广告宣传，这样各店的宣传费用就会减少。同时达到的宣传效果可能会更好，因为展现了企业的整体实力。

5.集中开店：举个例子，在台湾有一个7-11连锁店，是美国人开的，这家店大概做了十几年时间都没有赚到钱。现在7-11店被日本人收购了，是由日本人控制的。日本人介入后两三年的时间7-11连锁店就赚钱了，他的老板有一个非常重要的分享，他说美国人教会了我流程化的管理，但是日本人教会了我集中开店。因为7-11后来的做法不再是到处去开店，而是在某一条街连续开店。在这条街没隔多远就有一家店，过一个十字路口就会到一个7-11店，请问集中开店的效率高不高？非常高，企业的整体品牌影响力也提升了。

PRACTICE

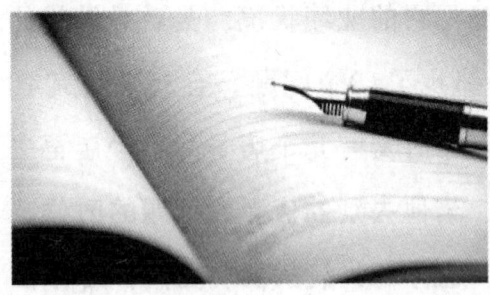

练习：以您的企业为例，试着做出您企业的连锁经营计划来。

12

上篇 经营模式

十二、构建企业战略

(一)战略分类

1. 按战略性质分类：

企业总体战略按性质可分为进攻型战略、防御型战略和紧缩战略三类。

（1）进攻型战略：

进攻型战略的核心是发展和壮大，是企业采取扩大投资、开发新技术、研制新产品，扩大生产规模、开拓新市场等措施的战略。

企业在什么情况下适合用进攻型战略：

①有很大的竞争优势；

②实力较强的企业；

③能适应外部环境的变化；

④能通过产品开发、技术创断和营销策略来适应市场需求；

⑤创造市场需求，从而进一步获得竞争优势，促进企业快速发展；

（2）防御型战略：

防御型战略，又称稳定型战略，是指企业保持生产经营的原有范围和规模，并通过现有的产品或劳务取得尽可能多的"果实"。因此，这一战略又被称为"收割"型战略。

企业在什么情况下适合用防御型战略：

①企业现有经营效果较好，但发展前景并不乐观；

②企业已在本行业处于领先或统治地位；

③企业面对复杂的市场与环境需要休整；

上篇　经营模式

④中小企业无力进攻，只有维持现状；

⑤政府政策与宏观经济形势不明朗。

（3）紧缩型战略：

紧缩型战略，又称撤退战略，它是指当企业在现有经营领域中处于不利地位，又无法改变这种状况时，逐渐收缩甚至退出原有经营领域，收回资金，以图东山再起的一种战略。

企业在什么情况下适合用紧缩型战略？

①企业由于过度扩张、竞争和市场压力，面临经济困难；

②市场对企业产品的需求量急剧下降；

③资源利用率不高，而且有新的经营机会；

2. 按发展的形式分类：

这种分类法可将企业发展战略分为内涵式发展战略和外延式发展战略两种类型。

（1）内涵式发展战略：

内涵式发展战略是一种根据企业的内部条件和现有的竞争能力，制定一个风险较低、发展平稳的战略。它又可分为集中发展、市场拓展和产品扩张三种。

①集中发展：它是指企业利用其内部条件，发展一个或少数几个具有优势的产品及其市场。其要点是集中力量、巩固优势。其风险较小，投资也不多。

②市场拓展：它是指企业将其现有资源用于扩大现有产品的市场。它一般通过市场细分和促销策略来稳定老客户、开发新客户。

③产品扩张是指企业通过改进老产品、开发新产品来扩大产品市场占有率的一种策略。采用这种战略要求企业资金雄厚、技术创新能力强，往往会冒一定的风险。

（2）外延式发展战略：

外延发展战略是指企业通过外部扩张，投资新的生产经营项目来扩大企业实力的一种战略。这种战略可分为一体化发展战略、多元化发展战略和组合发展战略等。

①一体化发展战略：一体化发展战略是指企业充分利用自己在产品、生产、技术上的优势，根据资源的流向，使企业不断向深度和广度发展的一种策略，一体化战略有三种方式：即后向一体化策略，是指生产加工型企业向原材料生产的方向发展；前向一体化策略，是指生产企业向流动领域发展；水平一体化策略，是指企业通过兼并、收购、控股等多种方式实行联合化、跨行业经营。

②多元化发展战略：又称多角化发展战略，是指企业除经营本行业业务外，还兼营行业内其他业务的一种策略。多元化经营虽能提高企业竞争优势、分散风险、提高企业经营的稳定性，但也应避免"多元化经营陷阱"，一般应遵循"有关联的多元化"经营原则，以提高企业产品与技术的集成度和相关性。

③组合发展战略：组合发展战略，是指企业在实力较强、市场竞争优势较大的情况下，以一业为主，涉及多行业、多领域、多种发展模式的一种策略。企业既可发展行业相关型经营业务，又可积极地去发展与原有产品技术市场没有直接联系的不同行业的产品及服务。

3. 按竞争的方式分类：

迈克尔·波特认为，有三种提供成功机会的基本战略可使企业成为同行中的佼佼者，即低成本领先战略、差异化战略和目标集聚战略。

（1）低成本领先战略：

低成本领先战略是指企业在某一行业领域中使产品和服务成本低于竞争对手而取得领先地位的战略。这一战略的要点是尽一切可能降低成本，做到相同质量的前提下价格较低。或在相同价格的条件下，质量和附加值较高。企业利用低成本取得利润后，可再行投资，扩大其领先地位。

（2）差异化战略：

差异化战略是指企业提供区别于竞争对手、在全行业范围内具有独特性的产品和服务的一种战略。可以是品牌形象不同、技术水平不同、质量与功能不同或者是服务方式不同。差异化战略需要创新精神，要独树一帜。它一旦成功，将会较快地扩大市场占有份额，获得较高的收益。

（二）战略实施与控制

战略实施与控制就是把战略方案付诸于行动，保持经营活动朝着

既定战略目标与方向不断前进的过程,以最终实现战略目标。那该怎样实施与控制呢?我们就要使用平衡计分卡与战略地图这两个战略管理工具了。

1.平衡计分卡:

我们来关注一下这个管理工具是怎样产生的。一般来讲,企业市值的75%以上是源于传统财务指标无法捕捉到的无形资产。罗伯特·卡普兰和大卫·诺顿,一个是哈佛商学院领导力开发课程教授,一个是复兴全球战略集团创始人兼总裁,两位大师发现企业管理者对传统财务评价指标的不满和批评日渐增多,企业管理者要求增加反映未来盈利能力的战略性指标。在信息时代,企业的竞争优势不仅仅是财务成果的好坏,还必须重视影响企业长期财务业绩的动因,包括员工的积极性和能力、内部生产经营和创新过程、客户的忠诚度和满意度等等,这些已成为企业在竞争中取得成功的关键因素。两位大师认为:"不能衡量,就不能管理。"1992年,在总结了12家大型企业的业绩评价体系成功经验的基础上,提出了平衡计分卡这一划时代的战略管理业绩评价工具。1996年,两位大师的第一部专著《平衡计分卡——化战略为行动》出版,标志着平衡计分卡理论的确立。平衡计分卡作为一种新的管理工具,被《哈佛商业评论》评为"过去80年来最具影响力的十大管理理念之一",为世界500强中90%的企业所应用。

什么是平衡计分卡?平衡计分卡以企业战略为导向,通过财务、客户、内部业务流程和学习与增长四个方面及其业绩指标的因果关系，全面管理与评价企业综合业绩，是企业愿景和战略的具体体现，既是一个绩效评价系统也是一个有效的战略管理系统（请看下图）。

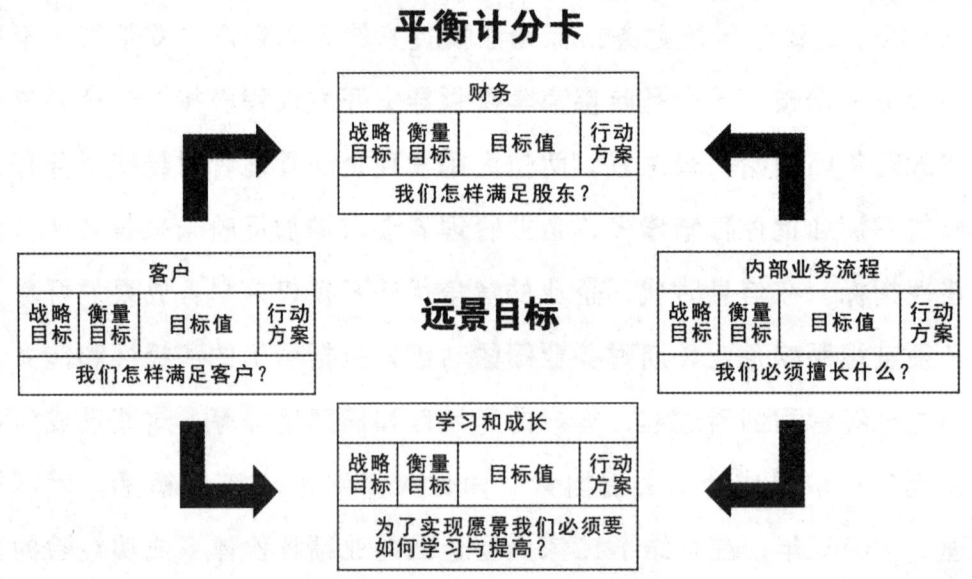

财务维度：

其目标是解决"股东如何看待我们"这一类问题，表明我们的努力是否对企业的经济收益产生了积极作用，因此，财务方面是其他三个方面的出发点和归宿。

客户维度：

这一维度回答的是"客户如何看待我们"的问题。客户是企业之本，是现代企业的利润来源，客户理应成为企业的关注焦点。客户方面体现了公司与外界、部门与其他单位变化的反映，它是BSC的平衡点。

内部运作流程维度：

内部业务维度着眼于企业的核心竞争力，回答的是"我们的优势是什么"的问题。因此，企业应当甄选出那些对客户满意度有着最大影响的业务程序（包括影响时间、质量、服务和生产率的各种因素），明确自身的核心竞争能力，并把它们转化成具体的测评指标。内部过程是公司改善经营业绩的重点。

学习和成长维度：

其目标是解决"我们是否能持续为客户提高并创造价值"这一类问题。只有持续提高员工的技术素质和管理素质，才能不断地开发新产品，为客户创造更多价值并提高经营效率，企业才能打入新市场，增加红利和股东价值。

那这四个维度相互之间有什么关系呢？平衡记分卡中的每一项指标都是一系列因果关系中的一环，既是结果又是驱动因素，通过它们把相关部门的目标同组织战略联系在一起。我们看，员工的技术素质和管理素质决定了产品质量和销售业绩等；产品、服务质量决定了顾客满意度和忠诚度；顾客满意度和忠诚度及产品服务质量等决定了财务状况和市场份额。为了提高经营成果，必须要使产品或服务赢得顾客的信赖；要使顾客信赖，则必须提供顾客满意的产品，为此而改进内部生产过程；改进内部生产过程，必须要对职工进行培训，开发新的信息系统。

平衡计分卡的核心思想就是通过财务、客户、内部流程及学习与成长四个方面的指标之间的相互驱动的因果关系展现组织的战略轨迹，实现绩效考核、绩效改进、战略实施及战略修正的战略目标过程。它把绩效考核的地位上升到了组织的战略层面，使之成为组织战略的实施工具。

那么，平衡计分卡到底"平衡什么"？

（1）外部衡量和内部衡量之间的平衡：

平衡计分卡将评价的视线范围由传统上的只注重企业内部评价扩大到了企业外部，包括股东、顾客；同时，以全新的眼光重新认识企业内部，将以往只看内部结果扩展到既看结果同时还注重企业内部流程及企业的学习和成长这种企业的无形资产。

（2）所要求的成果和这些成果的执行动因之间的平衡：

企业应当清楚其所追求的成果（如利润、市场占有率）和产生这些成果的原因——即动因（Drivers，如新产品开发投资、员工训练、信息更新）。只有正确地找到这些动因，企业才可能有效地获得所要的成果。平衡计分卡正是按照因果关系构建的，同时还结合了指标间的相关性。

（3）强调定量衡量和强调定性衡量之间的平衡：

定量指标（如利润、员工流动率、顾客抱怨次数）所具有的特点是较准确，具有内在的客观性。但定量数据多为基于过去的事件而产生，与它直接相联系的是过去。而定性指标由于具有相当的主观性，甚至具有外部性，所以往往不具有准确性，有时还不容易获得，因而在应用中受到的重视不如定量指标。平衡计分卡正是借由引入定性的指标以弥补定量指标的缺陷，使得评价体系具有新的实际应用价值。

（4）短期目标和长期目标之间的平衡：

一个骑自行车的人，他的眼睛只需要看前方的10米处就可以了；一个驾驶汽车的人，他的眼睛至少要盯住前方100米处；而一个飞行员，则需要盯住前方1000米的地方甚至更远一些。同样的道理也适用于企业。众所周知的情况是，企业发展的速度越来越快，现实已经使企业不但要注意短期目标（如利润），而且还必须将未来看得更远些，以制定出长期目标（如顾客满意度、员工训练成本与次数），相应的则需要有一套监督企业在向未来目标前进的过程中的位置和方向的指标，平衡计分卡正是根据这一情况设计的，它完全能够使企业了解自己在未来发展的全方位情况。

既然平衡计分卡在实施的过程中能够起到平衡内与外、内与内之间的各种关系的作用，那么在实际应用中就不应简单地把平衡计分卡当作战略推动、业绩考核的工具。领导者通过推行平衡计分卡，可以整合企业的各种资源、提升组织的凝聚力，最终实现组织的愿景。平衡计分卡是如何来完成这些工作的呢？因为它能起到以下几点作用：愿景，未来

上篇 经营模式

将会怎样；目标，为了实现愿景所必须要做的四到五件重要的事情；联合，将每个员工的工作同企业的目标紧密结合。他的第三个观点也许是最重要的，组织是否具备效率，联合是一个必要条件。所谓联合是指这样一种状态，在这种状态下，整个组织价值链的所有组成部分都同心一致，朝着一个共同的目标努力。联合的理想境界就是组织的所有成员都能将自己的个人价值和奋斗目标同其他人紧密联系起来。于是，企业所面临的挑战也相应地变成随着企业规模的扩大、运营复杂性的增强，如何保持这种紧密联合性了。实际上，联合不仅仅是对企业目标和实现目标的手段的一种个人认同感，而且反映了围绕企业战略这一中心目标对业务流程和职能进行重整的必要性战略性的联合过程，必须要从组织的最高层开始自上而下实行，必须要将业务单位、职能部门、团队甚至是个人的前进方向相统一。战略规划及战略目标通常是那些用于制定战略的支持数据、假设以及逻辑思维等等交替进行的。为了避免这一不尽如人意状况的出现，经理们必须将企业战略深深地植入整个企业的架构之中，只有这样才能使得个人的信念和行动朝着正确的方向前进。平衡计分卡正是这样一种工具，它将企业的目标分解成财务、客户、内部经营过程、学习和成长四个方面的考核指标，从而将企业的战略目标、个人的业绩目标和业务流程进行整合。用一种结构化的方法，确保日常业务运作与企业管理高层所确定的经营战略保持一致，消除组织内部割据，将职能部门和业务单位同企业的整体战略相衔接，其过程可能面临许多问题的困扰。一个组织拥有众多的分支机构，即使为了整个组织的利益，他们之间也不愿分享权力、资源、信息和创意局限于自己的一亩三分地，业务单位和职能部门很难体会到他们自己层面的行动能够为整个组织带来更大的利益。平衡计分卡通过目标分解，将组织的战略目标分解到各个部门，使每一个部门在努力完成本部门目标的同时也在完成着组织的战略目标。通过这种方式将组织的各部门变成一个统一的整体，如同人的四肢一样，协调行动，共同完成大脑的指令，真正取得1+1>2的效果。薪酬激励推动整合，提升士气。撇开奖励和薪酬来讨论整合，从来都不会是完整的。按照传统的观点，薪酬常常被认为是员工行为的主要推动器。有效的计分卡能够提供与最高管理层以及其他员工奖励体系相结合的、合理的、可度量的基准点，能够在企业的短期和长期规划之间、在不同的利益相关者之间形成合适的平衡。然而，将薪酬、激励和绩效考核体系相挂钩时必须要十分慎重，特别是针对非经理阶层的员工更是如此。员工薪酬机制的变化常常会给员工造成焦虑，在某些情况下还可能触犯当地的法律或工会规则，而且必须让员工感觉到该体系是公平的，考核是准确的，公司中每个员工的职责虽然不同，但使用平衡计分卡会使大家清楚企业的战略方向，有助于群策群力，也可以使每个人的工作更具有方向性，从而增强每个人的工作能力和效率。平衡计分卡把企业的目标及战略转化为一系列的表现指标分解到每一个岗位，对于员工来说，个人指标公平、清晰，只有在这样的考核系统中，员工的公平感、满意度才会增加。虽然平衡计分卡能起到上述的几点作用，同样也存在一些问题：目前对平衡计分卡的吹嘘已经过头，那些引以为傲的企业取得的业绩并非只是平衡计分卡的功劳，平衡计分卡并不能在以下两个重要方面于推动企业进步中产生作用：第一，它不适用于战略制定。卡普兰和诺顿特别指出，运用这一方法的前提是，企业应当已经确立了一致认同的战略。第二，它并非是流程改进的方法。类似于体育运动计分卡，平衡计分卡并不会告诉您如何去做，它只是以定量的方式告诉您做得怎样。平衡计分卡的核心思想就是通过财务、客户、内部经营过程、学习与成长四个方面指标之间相互驱动的因果关系展现组织的战略轨迹，实现绩效考核、绩效改进、战略实施以及战略修正的目标。在从事实际工作时，灵活运用计分卡，不但可以发挥其有形方面的作用，更要发挥其在资源整合、提升士气、提高组织凝聚力等无形方面的作用，这样才能真正帮助组织实现愿景、目标。

怎样用平衡计分卡实施战略管理？我们知道，平衡计分卡主要是一种战略管理工具，如果以系统理论的观点来考虑平衡计分卡的实施过程，那么战略是输入，财务是输出。由此可以看出，平衡计分卡是从企业的战略开始，也就是从企业的长期目标开始，逐步分解到企业的短期目标。在关注企业长期发展的同时，平衡计分卡也关注到了企业近期目标的完成上，使企业的战略规划和年度计划很好地结合起来，到了解决了企业的战略规划可操作性差的问题。下面详细介绍一下用平衡计分卡实施战略管理的步骤，如下图所示：

用平衡计分卡实施战略管理的步骤

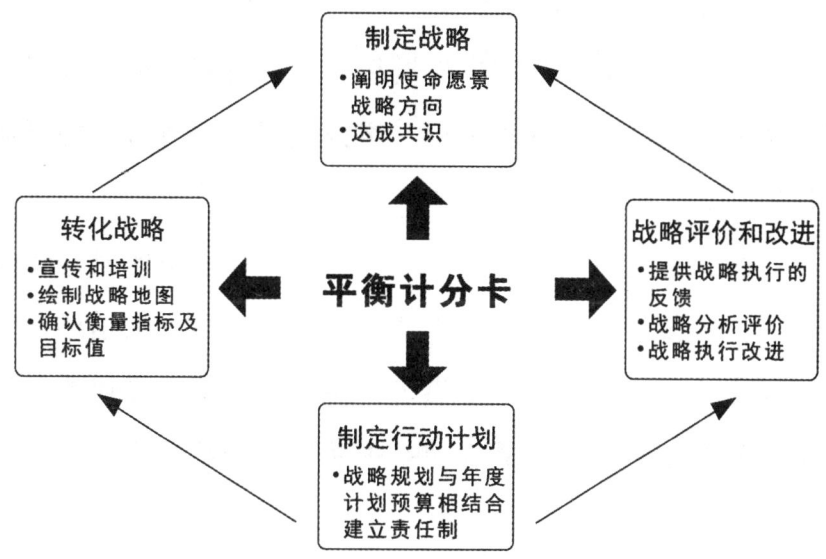

①制定战略：

战略规划始于分析内外部信息、制定或者重申企业使命和愿景，对战略方向进行微调或者变革。平衡计分卡提供了一个战略思考的框架，企业高层团队可以借助平衡计分卡四个角度的框架对战略进行制定与细化。比如，从客户的角度考虑。企业将为哪些客户群体服务，以及在哪些细分的市场领域进行竞争等；从财务的角度考虑，企业在未来要获得什么样的收益；从内部流程的角度考虑，企业各业务链如何相互协同以执行战略行动，支撑客户和财务角度的目标实现；从学习与成长的角度考虑，企业的无形资产如何进一步提升。使命愿景和战略方向必须要在高层间充分达到共识,以指引企业未来几年的发展方向。

②转化战略:

在企业的战略确定后,要对战略进行宣传和解释,使各级组织及全体员工明确企业战略,这样有利于每一级组织和每一位员工的行动与企业的战略保持一致,发挥战略协同作用。

许多企业的战略往往被写成了厚厚的报告,但当您问他们的战略是什么时,他们往往很难说清楚。如果您不能简单而清晰地描述战略,那么就很难谈得上执行。战略地图提供了一种清晰的战略描述的架构,通过平衡计分卡四个角度一系列具有因果关系链接的战略目标,描述了企业价值创造的过程。

战略地图只是定性地把企业的战略分解到四个方面,但是没有做到"量化",如果无法衡量战略,企业就无法有效地管理战略,进而无法实现战略目标。因此,需要把战略地图上的战略目标进一步转化成指标和目标值,也就是将企业战略"数字化"。

企业整体的战略地图和战略目标可以被进一步分解至事业部、业务单元和部门的战略地图,并转化成对应的指标和目标值,从而形成企业纵向和横向的战略协同。

③制订行动计划:

为了实现平衡计分卡中各指标的目标值,企业各部门和业务单位需要制定具体的行动计划。行动计划是将企业的各项战略目标转化为具体

的可操作的计划的过程，每项战略目标可以分解出多项行动计划，通过预算对执行行动计划所需的资源进行分配，同时对每项行动计划指定具体的责任人，从而实现战略与行动计划的对接，使战略落实到具体的执行层面。

④战略评价和改进：

对战略执行情况进行及时的分析、评价并不断改进，即我们所说的经营分析，是提高战略执行的一致性和实现战略目标的关键一环。通过对平衡计分卡报告中各项指标的分析，持续有效地监控企业是否会朝着既定的目标前进。

需要特别指出的是，对战略执行的评价不能只是简单地与年初确定的目标进行对比，因为外部环境瞬息万变，如果不考虑环境的变化，这种评价就变成了"刻舟求剑"式的做法。所以，在进行评价时必须要参考宏观经济形势、行业总体状况以及主要竞争对手的表现等。

2.战略地图：

战略地图这个工具也是由罗伯特·卡普兰和大卫·诺顿两位大师发明的，两位大师在对实行平衡计分卡的企业进行长期的指导和研究的过程中发现管理者与员工之间无法沟通，对战略无法达成共识。"平衡计分卡"只建立了一个战略框架，而缺乏对战略进行具体而系统、全面的描述。2004年1月，两位创始人的第三部著作《战略地图——化无形资产为有形成果》问世。

也就是说，战略地图是在平衡记分卡的基础上发展来的，它保留了平衡记分卡的基本框架，同样是财务、客户、内部流程、学习与成长四个基本层面，但又有新的发展，表现为每一个层面都更加细致。卡普兰和诺顿认为，战略地图与平衡记分卡相比，增加了两个层次的东西（参照下图）。一是颗粒层，大家可以看到每一个层面下都可以分解为很多要素；二是增加了动态的层面，也就是说战略地图是动态的，可以结合战略规划过程来绘制。

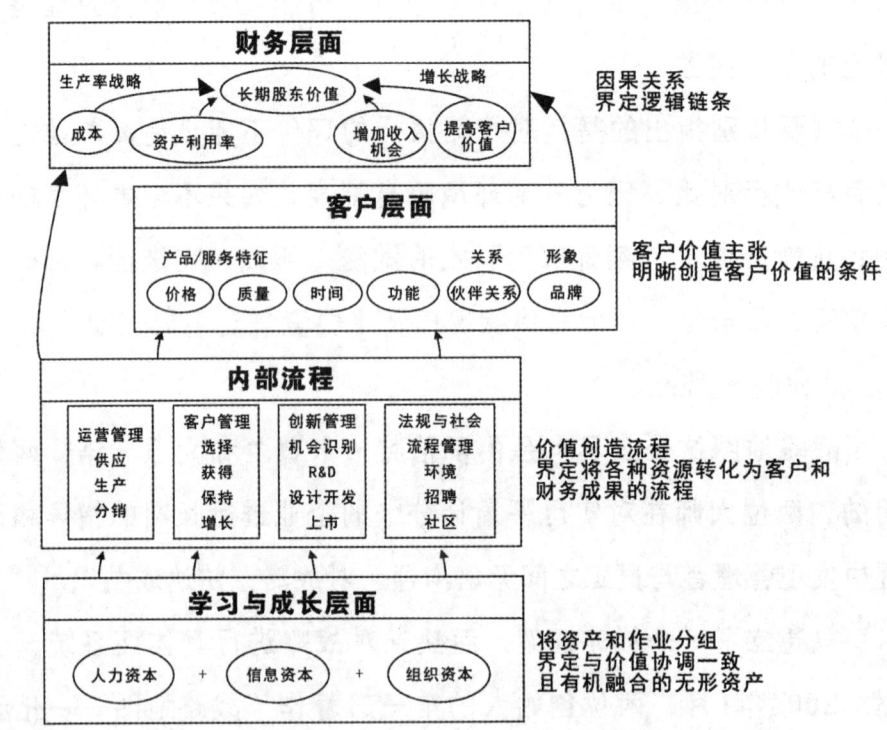

财务方面：财务目标的长短期战略平衡。这是战略地图在财务层面首先要达到的目标。卡普兰和诺顿认为，衡量一个战略是否得到了有效执行，要通过长期股东价值来判断，这与传统判断战略执行的标准一致。但是，在战略地图中强调股东价值的长期性，因此又可将股东的价值分解为生产率战略和增长战略。生产率战略考虑的是企业短期财务成果的实现，而增长战略则强调企业长期财务成果的实现。我们对财务指标批评最多的是"事后、短期、急功近利、使经理人更加短视"等，而卡普兰和诺顿通过战略地图克服了传统财务评价指标的不足。在财务层面，战略地图追求财务目标的长短期战略平衡，同时也为战略地图的整体框架奠定了基础。从生产率战略的角度看，要使企业短期财务成果得到改善有两个具体方法：一是改善成本结构，比如在供应环节和供应商进行沟通，通过谈判将供应成本降低。二是提高资产利用率，一个方法是提高现有资产利用效率，另一个方法是通过增加新的资产来改善现有生产能力的瓶颈。通过这两种方法，可以促进企业生产率战略的执行，在短期内获得股东的满意。从生产率战略的角度看，一是要增加收入机会，可以理解为开发新产品、开发新客户和开发新市场等。二是要提升客户的价值，比如今年跟客户做200万元的生意，明年能不能做300万元的生意，这就是提升客户的价值。客户价值主张要"有所为有所不为"。

客户层面：卡普兰和诺顿引进了一个新的概念——客户价值主张。平衡计分卡强调，要想使股东满意，就必须先使客户满意。要使客户满意，必须要了解客户的需求。企业满足了客户的需求，就意味着为客户创造了价值。企业以什么样的方式来为客户创造价值或者传递价值，这种传递价值的方式就是客户价值主张。客户价值主张可以分解为三个方面：企业提供的产品、服务特征，企业和客户的关系，企业以怎样的品牌、形象出现在客户的面前。不同的企业有不同的客户价值主张。战略地图提供了一个模型，不管企业选择怎样的战略、采取什么样的客户价值主张，都能通过这三个方面加以描述，而且这三个方面还可加以进一步细分，比如产品特征包括"产品价格、质量、可用性、可选择性功能"等，这些都是描述产品特征的具体要素；企业和客户之间的关系，可以通过您提供的服务和客户建立的关系得到具体描述。在明确了客户价值主张之后，企业就知道用什么样的方式向什么样的客户提供什么样的产品了，也就是说要"有所为有所不为"。不是说所有的客户都要成为企业的目标客户，有的人可能不是企业的目标客户，企业的产品也不是为百分之百的客户服务，可能为10%的客户服务，也可能为80%的客户服务。

内部流程层面：确定了几个关键流程，这些流程会对战略产生最大的影响。例如，一个企业可以增加它内部的产品开发投资，并再造它的产品开发流程，以便能为客户开发出高性能的创新产品来。

学习与成长层面：确定了对战略最重要的无形资产。人力资本，就是支持战略所需技能、才干和知识的可用性；信息资本，就是支持战略所需信息系统、网络和基础设施的可用性；组织资本，就是执行战略所需的组织能力。这些无形资产支持创造价值的内部流程，它们与内部流程捆绑在一起，并与内部流程保持协调一致。

四个层面的目标通过因果关系联系到了一起。从顶部开始的假设，只有目标客户满意了，财务成果才可能实现。客户价值主张描述了如何创造来自于目标客户的销售额和忠诚度，而内部流程则创造并传达了客户价值主张。然后，支持内部流程的无形资产为战略提供了基础。这四个层面目标的协调一致是价值创造的关键，连接四个层面的因果框架也是战略地图所依赖的结构。建立战略地图迫使企业明晰这个逻辑关系，了解到如何创造价值以及为谁创造价值。现在战略地图已经成为企业描述战略的一个通用架构。

那该怎样绘制企业战略地图呢？其实并不复杂，只需六步就可绘制：

第一步，确定股东价值差距（财务层面），比如说股东期望五年之后销售收入能够达到五亿元，但是现在只达到了一亿元，距离股东的价值预期还差四亿元，这个预期差就是企业的总体目标；

第二步，调整客户价值主张（客户层面），要弥补股东价值差距，实现四亿元销售额的增长，对现有的客户进行分析，调整您的客户价值主张。客户价值主张主要有四种：第一种是总成本最低，第二种价值主张强调产品的创新和领导，第三种价值主张强调提供全面客户解决方案，第四种是系统锁定；

第三步，确定价值提升时间表。针对五年实现四亿元股东价值差距的目标，要确定时间表，即第一年提升多少，第二年、第三年提升多少，将提升的时间表确定下来；

第四步，确定战略主题（内部流程层面），要找关键的流程，确定企业短期、中期、长期做什么事。有四个关键内部流程，即运营管理流程、客户管理流程、创新流程、社会流程；

第五步，提升战略准备度（学习和成长层面），分析企业现有无形资产的战略准备度，具备或者不具备支撑关键流程的能力，如果不具备，那么就要找出办法来予以提升。企业无形资产分为三类，即人力资本、信息资本、组织资本；

第六步，形成行动方案。根据前面确定的战略地图以及相对应的不同目标、指标和目标值再来制定一系列行动方案，配备资源，形成预算。

（请参考某企业完整版战略地图）

上篇　经营模式

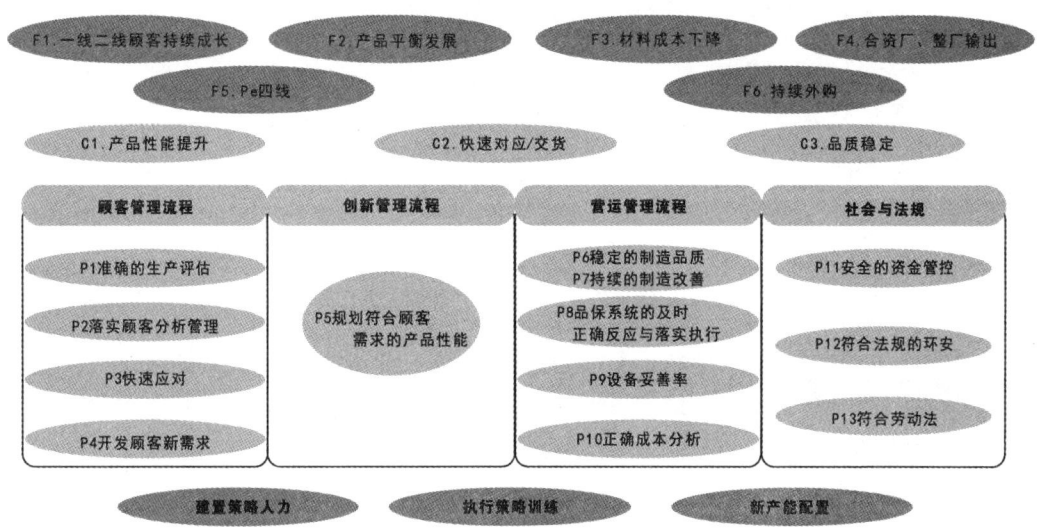

PRACTICE

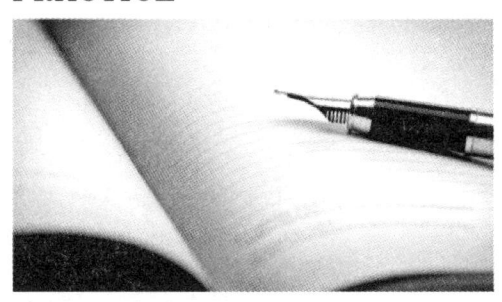

练习：以您的企业为例，请构建您的企业战略！

01

下篇 管理模式

一、组建团队

（一）目标

目标是什么？从概念上讲是个人、部门或整个组织所期望的未来成果。当然，很多人会用这个概念来定义什么叫目标。我们换一个角度，对于管理人员来说，目标如果作为管理动作去研究的话，它就成为了一个工具，所有的管理、所有的工作都是围绕着目标进行的。在这里我讲一个白龙马的故事，白龙马是唐僧的坐骑，它驮着唐僧去西天取经，后来修得正果，成佛了。其他的马就非常羡慕它，您太厉害了，您怎么做到的，为什么您的成绩那么大？白龙马告诉给它们一个非常重要的概念，他说我跟各位一样，我每天没有比各位多走一步路，唯一的区别是我有一个目标，这个目标是什么呢？我要去西天取经，要把唐僧驼到那个地方，所以这步路与下步还有下下步路，所有这些每一步加在一起都是在同一个方向里。这个故事告诉我们什么道理呢？您每一天每一项工作合在一起是形成一个整体，还是零散的？如果您有一个目标的话，那么这些工作都是围绕着同一个方向而去研究的话，我们就发现会有很多的内容集合在一起形成一个整体，当我们能把很多的内容集合在一起形成一个整体时，您就会发现会做出惊人的成就出来，请注意是惊人的成就，这就是目标的重要性。那么，目标怎样能够成为管理工具呢？就是用目标来管理下属的工作，他所有的工作都是围绕这个目标来进行的。用目标来评估他，所以这个时候目标已经化成管理工具了。目标有两个阶段，第一个阶段是设定明确的目标，第二个阶段是把这个目标转化成下属管理自己的一个工具。

下篇　管理模式

1. 第一个阶段，怎样设定明确的目标：

①方向：方向代表了人生的理想。有三个工匠，他们在盖楼房，有人问这三个工匠你们在做什么呢？第一个回答说，我正在盖这个楼，干一天挣一天钱，今天就有饭吃了。第二个回答说，我正在盖一栋高楼大厦。最后一个回答说，我正在建一个美丽的城市。各位想，十年后这三个人在成就上会有怎样的差异呢？第一个人依然是一个建筑工人，第二个人则变成了包工头或者是一家公司的管理人员、CEO，而第三个人则成为了一名设计师。所以，有这个方向跟没这个方向完全是天壤之别，当您有这个方向的时候，您的大脑运行效率也不一样。所以，一定要给自己定一个方向。作为企业家您的方向在哪里？我要做这个行业的龙头老大、我要改变这个行业、我要做商业帝国的国王。当您有了这个方向以后，也许您做的事情跟以前是一样的，每天都在做，但问题是我每一天做的工作内容集合在一起是一个整体，是在同一个方向里边，最终您就有可能成为一个商业的领袖。方向有五到十年，也有三到五年，在这里一般来说指的是在一年以上才会有结果的。

②规划：规划的概念是指比较全面的长远的发展计划和设计未来的整套行动方案。在这里是指，我们要达成这个方向的步骤，而且这个步骤是可行的、经过这个步骤就可以达成这个方向了。针对管理者来说，规划是让所有员工的目标合成一个整体。这个整体，就是老板所要的结果。

③目标：目标里边要有具体的时间，还有要达成的结果，下面我

详细阐述设定目标的原则。

④ 计划：计划是指在未来一定的时期内实现目标的方案和途径。举个例子，假设您要求人力资源部经理一定要聘请到某个人可以替代您的某一些工作，如果说当您没有订立什么时间要招到这个人，他会不会去想方法呢？当您定了这个目标，让他两个月内一定要招到，有这个目标的时候，他就会研究方法，在哪里招、怎么招，所以只有定了这个目标他才会开始思考如何去达成。这个过程叫作计划。

⑤ 行动：有了计划以后就去执行，有了执行，最后就会有结果。接下来我们来阐述一下目标设定原则，这也就是目标管理的核心思想。首先，属于公司的是大目标，然后部门是中目标，部门里的个人是小目标。这是目标管理的体系，而且这个体系的计划之间是自动生成的，那么该怎样自动生成呢？老板定义了一个大目标以后，每个部门就会订立相应的目标与计划出来，比如说，销售部要做到多少销售额，生产部就生产多少量出来，财务部就会根据这个量做好财务支持目标，人力资源部也会根据这个量做好人员的配比。所以，它会自动生成计划，而且计划之间是匹配的关系。接下来，部门有了中目标以后，每个人就会根据本部门的中目标的要求分解出自己的小目标来。您想，如果部门里每个人的小目标完成了，意味着这个部门的中目标就会完成，各部门的中目标完成了则意味着老板定的大目标会完成。这种目标管理好不好？非常好不对！但是要做很多关于如何做计划的培训，我们将在组织控制中加以详细阐述。

目标设定完，我们就要管理目标了，要把目标转化成下属管理自己的一个工具。那该怎样管理呢？

2.第二个阶段，怎样管理目标

① 把目标通过强化成为行动进而达成目标：强化到什么程度？要让下属的大脑中只关注到目标，但是各位要注意，这样的一个结果是经由上面的管理人员的管理而达成的，不是员工自动去到这个目标里边，是通过这个管理您才能产生这个结果。所以，做管理时非常重要的一点就是要进行强化，那么该怎样做呢？反复强化目标并说明实现目标能给他们带来的益处。

② 把目标通过追踪成为结果：对于老板来说，非常重要的一点是，您一定要不断地去追踪这个结果，而且有没有可能由于其他原因导致这个结果达不成的？

那么该怎样追踪？每一周每个小组必须要开会。您看到后面的内容就会知道这个地方有会议控制系统，要定期开会。开会最重要的目的是什么？最重要的是分析上一周的目标达成情况是如何的，然后制定下一周的目标和计划。这里边非常重要的一点是，很多时候我们的目标一旦达不成，就一定要检讨这个目标没有达成的原因是什么？通常会有三种原因：第一种，称之为外界的因素。这种原因往往是整个市场或者是整个的一个大环境，这个因素并不是我们可以左右的，比方说政府调控房地产行业，进而带来房产销售的困难。第二种是公司的因素，比如产品品质或

品牌影响力差。

第三种,是个人因素。自身不够努力或者是能级问题。这三种原因有可能同时存在也有可能是单一的。所以,在检讨目标达不成的过程中我们要区分是外界、公司还是个人的原因,然后再确定该怎样解决。同时,在这个过程中非常重要的一点就是明确我们追踪什么?是目标。所以,其他任何方面都可以改,人怎么改变,人怎么调整,工作方法等等所有方面都是可以改的。只有一个方面是不能改的,那就是目标。只有这样您才会追踪到自己想要的结果。

(二)布局

设定了明确的目标,然后通过强化追踪来达成结果。那对于老板来说,还有一个非常重要的方面,就是要支持他们的目标达成。要让他们做到这个结果,我们还需要进行布局。所谓布局的概念,是指全面进行安排。在这里是指您要做一些支持性的、资源性的、整合性的动作,那么无论您的员工做得好与不好,但是大部分员工都可以达成目标,所以布局是确保这个目标达成的一个基础。那该怎样布局呢?我们经常会听到一句话——"天时地利",那么在整体布局方面我们首先要把这个天时地利搞清楚。天时,就是您整个外部的环境。地利,是您公司自己现有的一些基础。但并不是说您占了天时地利就一定可以达到好的结果,我们还必须要有必定成功的策略。那怎样做出必定成功的策略呢?通常我们要求各位做成一个公式,公式的概念就是加减乘除,就可以达成我们

下篇　管理模式

这个目标了。如果没有这个公式，我们就有可能达不成。这个公式的步骤是：第一步，针对目标，把您所要做的事情全部列出来。第二步，是把它组合成某些人可以做好这些事情的组合，同时要对号入座。我现在问您一个问题，如果您想提升业绩要做哪些事情，把其全部列出来，接下来哪些人可以把这些事情做好，然后把这些人做到位，代表您这个业绩会不会做到？优秀团队成员指的就是可以解决这些问题的人。所以对于老板而言，您是做什么事情的？就是把解决问题的人找到。

接下来我们要研究的问题是卓越资源配置。这个资源是支持优秀员工的，他虽然有个人能力，但并不代表单凭个人能力就可以提升业绩、解决问题，还需要有一些资源给到他。这个资源有可能是培训，有可能是好的产品，有可能是好的客户资源，这样就会导致您的优秀员工业绩会有一个很大提升。

以上就是整体的布局了。针对布局，我再特别强调一下，所谓布局的概念，叫作改变格局。您仅仅布这个局不是让原来的事情有革命性的改变，布局是没有用的，布局的要求是改变格局的层次，所以要求各位在力度和时间上一定要加强。

（三）团队

团队与团伙的最大区别是什么？心不在一起，目标不一致，方向也不一致，没有行为标准。其实我告诉您，团队和团伙的最大区别是群体成员之间是否有配合的体系。他们之所以心不在一起，是因为我跟您配合没用。但是如果我跟您配合有用，可以产生更大的工作效率，通过配合大家都获益的话，各位想想看，他们愿不愿意配合？但是如果您没有把这个配合的体系建立起来就形成不了团队。在布局里面有很多优秀的团队成员，如果没有协作配合，也没办法产生好的结果。那什么叫协作配合？假如我们拍一个电影，如果每个角色都有偏差的话，比方说导演不在状态、主角不做主角、配角想做主角，尽管我们请的都是名角、名导，请问这个电影会不会好？不会的。各位注意，如果导演进入状态、主角愿意进入角色，配角也配合主角把戏演好，哪怕不是名导、名角。但是至少做到了这一点，这个导演导的电影可以达到六十分以上。这就是协作配合，它体现了团队的力量。那怎样才能形成一个真正的团队呢？针对这个团队，首先要区分各种角色。区分完角色以后，要把各种角色的人找到，让这些人在这个地方充当那个角色，在充当这个角色的时候就有一个状态的问题了，有没有可能某个人不在状态里，那他就不能实现那个角色的功能，这时该怎么办？我们要把他换掉。当各个角色的人都有了，也都在状态里，合在一起就形成一个真正的团队了。

说到团队，各位认为讲究整体的协作配合，最好的团队是什么团队？是足球队、篮球队。下面我们就以足球队为例，来说明一下团队协作角色。假设各位是一个足球教练，要建立一支球队，想让这个球队拿冠军。同样的道理，每个老板也要组建团队，这些团队也要拿冠军。我们看看这个球队里边都有什么角色，有教练、中场、前锋、边锋、后卫、守门、

下篇　管理模式

中卫保健医生，那各个角色都做什么事情呢？

教练：教练非常重要的一点，他是做整体的管理领导。

中场：中场做什么事情呢？就是负责传球，传球的意思是他负责做组织的工作。通常说教练在场外做指导，在场内由队长做指挥。您认为队长是前锋还是中场，或是后卫？是中场。中场往往就是队长，他要在场上进行指挥，场上有任何问题都会把球传给他，然后他负责把球传出去解决这些问题。各位回到我们企业里边，当企业有事情发生的时候，有没有人去处理这件事情？所以，在您的企业里一定会有个像中场这样的人员，这个人员在您的公司里叫作办公室主任或者常务副总、总经理助理，还有叫秘书的。这里边有一个非常重要的概念，这个中场是不负责重大问题的决策，他是执行战略意图的，他不修改这个决定。

世界最大的代工公司富士康的工作流程是这样的：接到顾客的订单后，会帮助顾客进行设计，设计完了以后再开始生产。有一次他们在设计的中发现助了一个新的功能，这个功能会导致这个产品有革命性的变化，然后在内部就讨论了，到底要不要加这个功能，如果加了这个功能可能要推迟三个月才能把这个货交给客户，然后客户才能推到市场上。这家公司可能是一家全球性的企业，如果晚三个月推出这个产品就有可能导致全球的战略出现偏差。其实这里边很重要的一点是在哪里呢？整体的战略意图是谁决定的，是由教练、老板决定的，老板考虑整体发展，做全面的战略部署。那中场做什么？在企业里边我们叫上传下达。上传，即下面有什么样的资讯需要给到老板做决定,他去收集,收集完这些资讯以后会有可能还会做出一个方案,然后给到老板,让老板进行决策。同时,即下面有什么问题找到中场解决,他要评估一下老板之前有没有做一些决定?如果早已经做决定,他会直接把问题给处理掉;如果没有,他要上报给老板,他不做任何修改。这个时候他只要加上了自己的观点,他就已经不是这个角色了,这一点非常重要。也就是说,平常这个人就代表老板,执行老板的意图。接下来是下达,老板做完决策,有事情交待下去,他就去执行这个事情。这就是中场的职责,上传下达。在我们企业中一定要有这样的人,在中间作为纽带,这个纽带在其中推动各种关系和事情的发展。所以,各位注意一个概念,如果老板没有找到一个好的中场,那谁要做中场?老板本人,这就是您每天都很忙的原因。您也许下面所有的团队成员都组合得很好,但是您的团队少了一个角色,结果您这个团队就变成"团伙"了。

前锋:前锋是做什么事情的?前锋在您的企业里边是能够啃硬骨头的,他什么问题都愿意去突破、去解决。在您的企业里边,到底什么问题是硬骨头,这些硬骨头问题怎样才能解决?比如说攻克大顾客的问题,可能是某些重要事情,所以您要清楚当您碰到这些硬骨头问题不能解决的时候,要花大价钱去买前锋。很多老板并不清楚这样的概念,有了前锋,这个教练才称之为教练,老板才称之为老板。但是大部分老板一旦出现问题的时候,最难啃的骨头都是老板亲自下场去啃,所以他就变成

下篇　管理模式

前锋了。老板是做什么的？老板是做战略的，是做整体布局的，到底有哪些问题是很难解决的，哪里有这么个人可以解决这些问题，然后把他买下来，这是老板要做的事情。喜欢足球的老总都知道，每当欧洲的足球联赛结束以后，各足球俱乐部都会开始组建下一联赛的球队成员，开始买卖球员，其中转会费最贵的当属前锋，好的前锋需花费上亿欧元，就是这个道理。

说完这两个角色，各位对这个团队是不是又有了一个新的认识，以前您建立的是团队还是"团伙"？那应该是"团伙"，因为根本就没有配合，所有最难的问题都要由您扛。所以您才是一个团队，其他人都不是团队。因为真正的团队是能够代替老板解决问题的，是不是这样？在这里，我还发现了这样一个问题，比方说业务队伍里边总共有10个人，这10个人里边其实大部分都是边锋和后卫，他们去做一些事情，普通的事情他们都可以做得好，但是一旦碰到某些事情、某些顾客很难解决，他们会说"哎，您上"，这个人已经是前锋了，往往这个业务人员的能力很强，他本来是可以做前锋的，去帮助他们解决这些事情。但是我们老板又做了一个决定，把他提升来做主管。而当他一旦做了主管的时候又有一个问题，他是不是要管理他们，那么这个主管的角色是什么角色？是中场。那您到底让他做前锋，还是中场？有没有发现我们的团队角色就混乱了。到底一部戏里边谁是配角、谁是主角，谁是什么角色一定要分清楚。同时，各位想一个问题，前锋的性质和中场的性质一不一样？前锋

是看重个人的利益,但是对中场来说,什么才是重要的?集体利益是排在第一位的,他会研究这件事谁才能做,就找那个人来做,而不是说这个事情我行我去干,他要调动所有的资源,完全是调动的功能。所以每个角色我们一旦搞错的话,就用错人了。本来那个团队还不错,结果一调换以后,您就把本来是团队的团队变成团伙了,这个角色没搞清楚就乱套了。

边锋:边锋通常能够打开一些局面,但并不代表是最难的问题,他可以使我们这家公司有一定的转变。

后卫:后卫通常指的是踏踏实实工作的人,是踏踏实实工作才做到了现在这个位置,也就是说他能力并不高,但是我们一定要知道,在您的公司里面正因为有了这些踏踏实实工作的人,您这家公司才会更稳定。

守门员:守门员是不让对方攻进球来的人员。转换成企业里的角色,就是兢兢业业在您的公司工作的人,他做事情非常认真。所以,通常这些人负责服务您公司的重要客户资源、或者负责某一部门里面最重要的机要性文件、机要性的事情。这个方面很重要,您想想,有没有一些顾客或者是您公司里面的某一些技术与您的公司是性命攸关的,那么,这样的情况要用什么人呢?守门员。这些人通常跟公司有很多关系,可能是您的亲戚朋友,或者是在您的公司里面做了很长时间的老员工。但是有一个问题,刚才讲到守门员要求是兢兢业业工作的人。有没有一些是老员工但不是兢兢业业工作的?所以重点不是他跟您的关系,也不是他在您

的公司做了多长时间,而是他能否做好这个角色才是最重要的。

中卫:中卫称之为自由人,通常跟中场的角色差不多,但他只是中场的一个助手,中场是专门负责场上指挥的。但如果我们发现这个中场他做不过来的时候,这个时候就变成要由这个自由中卫去做,中卫通常是后勤性的人员。

保健医生:在足球场上,保健医生就是给受伤者治疗的人,各位认为在企业里边的受伤是指的什么?出现矛盾、出现问题、心理辅导。所有出现的这些问题都可能是因为人际关系或者个人的负面情绪所导致的。基本上所有队员都有可能"受伤",一不小心某句话说错了使他"受伤"了,可能这个员工损失了一个大客户使他"受伤"了,有可能是他提出某个建议老板没有采纳使他也"受伤"了,也许不小心看到某个女孩身材比她好,她的自尊也"受伤"了。"受伤"之后就会心情不好,没办法工作,工作效率低下。凡是出现了这种状况,就要有这样一个人,通常这个人年纪要稍微大一点,人生阅历比较丰富。他可以跟这些人聊天,把他们的负面情绪释放出来,这就是一个"保健"的概念。比如在部队里面,每个团队都配有指导员、政委就是这个道理。在电视剧《亮剑》中,李云龙是团长,赵刚是政委,赵刚就是做思想政治工作的。

再接下来就是分组比赛了,这里边我首先讲一个非常重要的概念,一个集体往往会产生一种很巨大的能量,但是这个能量是基于每一个个体的能量释放而来的,团队组建完,那就要做一件非常重要的事情,就

是分组——分成三四人一个小组。为什么要分成三四人一个小组？如果他们要进行比赛，当某个人状态不行的时候，您想一个问题，另外那几个人会不会把他的状态提升起来？会的。但是如果您的团队很大、人很多，一下子您要照顾所有人容不容易？不容易。但是三到四个人一个小组，这个小组组长，他其实管多少个人？管三四个人。这个时候您会发现，是很容易管理的。您只要给这个组长一些小小的待遇就可以了，也许一个月就增长200元的管理补贴，或者让他拿小组一定业绩的提成。让这个小组再跟另外的组进行PK，哪个小组业绩高，我就再给那个小组加1000元，让他们自己去娱乐吧。这样这些组与组之间就会比拼，这就是比赛的目的。这个分组的目的是永远都要有比赛，哪怕您只管三个人，也要让这三个人进行比赛，所有人都要进入比赛的状态。这样我们就会发现内部形成一种竞争激励的态势，这种竞争不是我们所说的那种勾心斗角，而是竞争他的表现，这种状态才是我们这个团队所需要的。

接下来我们这个团队还要有一个状态与机制，要求每个人必须进入到状态中。每个人必须很清楚自己的目标是什么，必须负责任地努力去做。为了保证这个状态能够持续下去，就要有一个机制，做得好就奖励，做得不好就会惩罚。在这个地方长期做得比较好的话，您就会提升他的底薪了。如果做得更好，就要考虑他的职位是否要晋升了，如果完全做不好就要让他退出了。当然，我们首先是要定一个标准，即什么是好、什么是不好。各位注意，定标准跟没定标准的区别在哪里？没有定标准您

下篇 管理模式

会发现您跟您的下属的关系经常会搞不好,他认为他表现好,您认为他表现不好,这样关系就会僵化。但是您定了这个标准以后,员工就很清楚他做得好还是不好了。

所以,每个员工一上任就知道自己的角色以及要达成的目标——什么情况做得好,他可以继续留下来;什么情况他可能要退出,这就是团队要制定的状态和机制。

(四)调教

当团队组建完以后,这个团队成员会不会一下子进入到状态中?不会的,他还需要一些教育和训练。调教也就是教育训练的概念,一方面我们要调整他的思维,另一方面则要训练他们的能力。基本上要做四个方面的调教,一个是精神的力量,一个是技术的力量,一个是团队力量,一个是效率的力量!每一方面调教的方式、内容也不一样,而且要针对每一个员工,看他到底哪个部分有问题。比如说,有没有一些人虽然技术很强但是没有工作状态,这种属于什么原因?精神的问题!有一些人天天兢兢业业,但是业绩却并不高,他们缺乏什么?技术。还有一些人跟别人配合得不够好,在配合选项里,跟上级配合是最重要的,因为您是执行上级的意图,跟上级配合好了以后您才有可能跟别人配合好。这是团队的问题,还有效率的问题,下面我们分别阐述一下。

第一个,精神的力量。这对于每个人来说都很重要,如果一个人精神死亡了,他就不可能做得好。举个例子,我有一个朋友,他是读中医的,后来去了一家医院里做护士，在医院里专门护理癌症患者。他发现了一个问题，得了癌症的患者有两种类型，一种类型是觉得天要塌下来了，不行了，很快要死掉了，没有多少人生了，赶紧享受，可能过几天就会死掉。另外一种类型是，觉得现在医学那么高明，而且也在不断发展，说不定哪天会治好的，所以觉得自己是健康的。他发现这两种类型的人最终的结果差别很大。前一种人基本上在半年左右就离开人世了，但是第二种人的生命往往可以超过十年，这就是精神力量存在的原因。所以，您要把一个正确的信念灌输给每一个员工，最好带他经历一次巅峰状态，就是成功的过程。要让他相信自己做两次、三次、八次，只要不断地坚持下去，最后他也可以做得很成功。如果实在不行，有个最简单的方法，那就是让他跟有这种精神力量的人一起工作一段时间，叫近朱者赤，近墨者黑，他也会受到影响的。如果有些员工有负面的情绪，就找一些有积极心态的员工跟他工作一段时间，就会发现这个员工的负面情绪变好了，这是由于有积极心态的员工影响到了他。所以，在这方面必须要有一种精神的力量。这是第一个要解决的问题。

第二个，技术的力量。我们说，顶尖的员工一定是技术跟精神两个力量都很强的人，只有一个力量强是不够的，这就需要对员工进行培训，练习他的一个基本功。基本功是指要把这件事从头到尾全部做完的能力。

特长：每个员工都有其特长，什么事情做得好您就让他做什事情，

下篇　管理模式

这是非常重要的。有时候这个员工可能没有把特长发挥出来，没有发挥出特长的原因是他没有真正把这种能力进行练习。各位想想，一个人有某方面的特长，再不断地练习会怎么样？会出神入化。一旦他发挥出来特长就会跟以前完全不一样了，就会变成一把尖刀，我们说作为一个老板很重要的一点是，让您的员工通过您的带动成为一个杰出的员工。

缺点：要弥补缺点，就是要做练习，让他的缺点没有那么差。也就是说，让缺点对工作不产生影响、障碍、破坏性就可以了。

第三个，团队的力量。团队的力量就是团队角色怎样分工、工作流程怎样分段，我在组织规划中会详细加以阐述，然后是上下级、内外部的一个配合，通过配合产生最大的工作效率，这才是团队。

第四个，效率的力量。提高效率的重点是对工作进行简化，找出工作的重点，善用单位时间。

简化：什么叫简化？很多人认为少做一点事情就是简化。其实所有的简化都不是基于少做事情，而是您要转换一个方式，把几个问题用一个方法加以解决。以前是做三件事情才解决这个问题，但是可不可以做一件事情就把这个问题解决，同时做的效果会怎样？一样甚至会增色不少。所以，为了提高工作效率，我们就要不断地进行简化。很多时候员工之所以没有办法进入简化的程序，是因为有很多基本的动作没有做好，一旦做好基本的动作以后，就会发现他做一个动作其实已经把整件事情都做好了，这个时候证明他已经找到了要点，也就是重点突出。

重点突出：到底从哪里着手简化就是寻找重点。重点一般是建议您找三个点，做好一样事情哪三个点是最重要的？通常说一件事情做好重点，这件事情的基本面就已经解决了。如果重点问题没有解决，就会导致从整体上解决不了问题。

一次性集中完成及持续跟进：很多人解决一个问题不会全部解决，我们称之为不是系统工作者。系统工作者是完整工作者，尽量一次性把所有问题都解决这叫作系统性的效率。但是有时会发现事情比较多，一次性不能解决，这个时候要怎样做？就要持续跟进了。

单位时间：什么是单位时间？就是同一时间里面能不能完成更多的事情？这个时候要定标准，比方说业务员一天要打50通电话，这是最低标准。我们经常会对员工没有这个要求。当您没有这个要求的时候，就让工作效率变得低下了。

阶段性先后次序与节奏：在整体工作流程里面，一定要让员工清楚流程的次序，如果次序颠倒同样也会影响到我们的工作效率。

PRACTICE

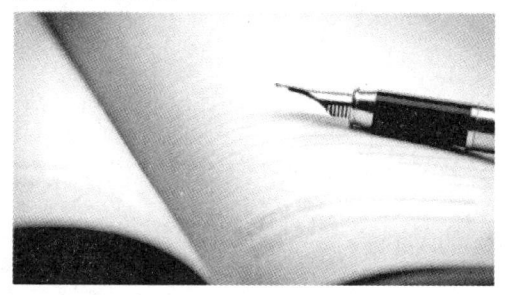

练习：以您的企业为例，首先做出您企业四大增长要素的盘点，并做出您的企业翻一倍的计划！

02

下篇 管理模式

二、参加比赛

（一）比赛的意识

建完团队以后，他们就开始正式工作了，但是怎样达到最佳的工作状态、产生最大的工作效率，进而完成我们的目标呢？要让他们参加比赛！在整个工作的过程中要有比赛的意识，这是非常重要的。比赛的目的其实是让每个人都有比赛的概念，概念就会烙上一个印：我一定要赢。只有这样的一个竞赛才能真正产生出比较大的结果。在这里我讲一个故事，这个故事发生在十多年以前，主人公叫何大一，是一位台湾的美籍华人，是世界医学界非常著名的科学家。他是世界上第一个发明了鸡尾酒疗法来治疗艾滋病的，自从有了鸡尾酒疗法，艾滋病虽然没有被根治，但是，全世界艾滋病患者的死亡率却极大地降低了。有一次记者就去采访他，他说其实自己心里面有一个比赛的想法，他认为谁最快找到治疗艾滋病的方法，就有可能获得诺贝尔奖，所以他的理念是和全世界医学界所有的科学家进行比赛。您想想，他有了这样的意识，做事情的效率高不高？所以，各位会发现基本上任何有伟大成就的人他都会有比赛的意识。所以做企业，我们要不要和行业的第一名比赛，您的目标是不是冠军？只有您有了这个比赛的意识，您所有的能量才能发挥出来。所以说，有比赛意识是非常重要的，这是一个超越的意识、赢的意识。

（二）具体目标计划与策划

所有的美好未来都是因为今天做得好而创造出来的。如果每一天的工作没有做好的话，可以想象，怎么能有美好的未来呢？很多人都只懂得做计划性的目标，而不做当下的目标，当下的目标会导致我们此刻能不能达成结果？所以一定要做一个可以实现的具体的当下目标。在这里计划跟策划的区别就是，计划是指未来一定时期内实现目标的方案和途径，而策划则是说目前每一件事情我已经想好了该怎么做，所以策划非常重要。

那么，要做到这一点的话，员工每天的工作计划就非常重要了，员工每天有两种做计划的方式：第一种方式就是今天晚上做明天的计划；第二种方式是在上班前做今天的计划，我发现有很多人一上班，一开始的5分钟会先坐下来做今天的工作计划，告诉您，基本上他没在状态里。他做的每一件事情都是在没有想好的前提下做的，要让员工选择第一种方式来做计划，这个计划叫作策划。策划这个具体的事情，如果员工没有进入到这个工作状态，我们认为他找不到感觉，并不知道问题该怎么解决，就做不出结果来。所以说，我们要让员工进入到工作状态中。

（三）安排与动员

当员工能够进入到工作状态中时，安排与动员便是非常重要的了，也称之为组织能力，就是当这个群体在一起工作的时候我们要进行组织，然后安排所有人要做的事情，在这里管理者一定要先想清楚每个人的角色、分工、工作细节以及每个人之间的配合，要不断地研究这样做会不会出现什么问题，而且要不断地修改，这是在安排和动员之前要做的一些准备工作。做好准备工作以后就可以进行安排了，在安排的过程中首

先是说明。说明工作是怎么一回事，然后开始沟通，沟通的时候有一点非常重要，您要了解这个员工是否真的进入到工作的状态，他没有在这个状态里就做不出结果来。这个时候员工可能会有很多的疑问，这些疑问必须要解决。

通过安排他们就知道工作该怎样做了，接下来要进行动员，动员就是强化目标、信心和状态，这里所说的状态是指兴奋的状态。前面的状态是指进入事情的状态，一旦他们有目标、有信心、有状态的时候，您的安排就到位了，这就是安排和动员。

(四) 带动

要带动他们去比赛。带动的过程是这样的，首先是过程督导。一个好的结果产生的原因是有了这个过程督导。比方说，一个业务人员来到您的公司要进行培训之后再开展业务，培训的时候他要背诵您公司的产品介绍、塑造产品价值，还要做一个模拟拜访和踢单的过程。您想一个问题，是让这个业务人员去做业绩，发现不好之后再检查，还是在这个过程中先来检查？一定是先来检查！那么该怎样检查呢？去做业务前先做一个考试，监督他是否掌握了工作里面的内容。通常说这个过程督导也叫工作品质的控制。接下来是位置感。什么叫位置感？证明他正在做自己该做的事情，比如说足球比赛，这个边锋的位置是阻拦对方，而且是大动作做这个事情，如果是有人正在做这个事情的时候我们认为他是在位置上。但是没有人在这个位置上做这个事情，整个流程就断了，就会产生问题。最后是状态感，状态感就是目标感、责任感、是他自己知道要做好这件事情的一个责任。位置感是他知道做什么事情，状态感是指他的精神状态。

（五）检讨与调整

在这个比赛的过程中，经常要做一件非常重要的事情，那就是检讨和调整。首先是暂停进行，中场休息。当然，目的并不只是为了休息，同时还要做检讨和调整。通常我们要做两件事情，第一件是训导，就是再次强调我们的重点内容。强调这个成效点在哪里、失败点在哪里，也就是说刚才在比赛的过程中有哪些地方做到了位，是有效的，哪些地方是无效的，要告诉他们。针对有效的要鼓舞要打气，这就是训导的过程。接下来第二件是策略，有没有可能在整个比赛的过程中以及做事情的过程中，发现原来的策略是有问题的？我们说检讨，检讨的标准是什么？是目标。所以，在中场休息的时候一定要研究一下我们这个策略是否真的解决了这个目标问题，因为经过一个阶段以后肯定有些方面是有效的、有些是无效的，所以您必须要研究策略是否要调整，调整完以后再强调目标，然后再进行下面的工作。可见，中场休息的时候最重要的是做判断、决策、改变。而且，速度要快。

（六）改革的速度

我们正在进行的时候，很难判断策略是否正确，所以每做一段时间都要停下来。停下来的时候要研究判断一下，到底现在能不能继续达到

下篇　管理模式

这个结果。如果达不到，就要做出新的调整、新的决定。而且这个调整的速度越快越好，您的调整速度代表着您的管理水平，调整速度越快代表管理水平越高。在这里分成了两种类型，一种是大改，一种是小改。

　　大改：是涉及到跨部门的一系列问题的改动，比方说可能薪酬要改动、产品要改动、价格要改动，这些是属于大改的地方。大改非常重要，但是一定要先策划，再改变。而且这个策划的方案要怎样？要经过大量的研讨。通常这种改变我建议您三个月左右再做，也就是说要经过两到三个月的精心策划，然后再进行改变，您想对于一家公司而言，三个月做一次大改，其实改革的速度已经很快了。但是有很多人明明发现了很多问题，却迟迟不做决定要大改。通常来说他已经很麻痹了，他天天在那个事情里面，之所以没有决定改是因为没有做出判断。大问题是要做判断的，是要做诊断的。各位想一个问题，对于这些大问题来说，每个企业要多长时间做一次公司的诊断？请注意，每一年要做一次完整的彻底诊断，一年要做一次，叫作整体体检。这次体检非常复杂，包括您的竞争对手，包括您的内部情况、外部情况、三到五年的规划，还包括您整个经营假设的改变。什么是经营假设的改变？就是您原来认为最主要的竞争对手一年之后可能变了，顾客愿意付钱买的产品的价位可能一年后变了。也就是说，您原来假设的东西可能产生革命性的变化了，这时您要把业绩倍增模式这两大系统从头到尾完整地做一遍，然后您会发现自己的公司到底存在什么问题，这是大改。

下篇　管理模式

小改：想想有些事情最好是多长时间要改？如果不是大的问题，最好当天就完成，前提是不能为了快而乱改。我们有没有发现很多事情都是选择明天、后天去做？后来发现一年以后都没做，所以，小改的方面要立刻改，而且要立刻看到结果，不改就会出现问题。

（七）追成果

各位经过检讨调整之后，还要追结果。怎样追结果呢？要求是每月、每周、每日以及每件事都要追一个结果。追结果很重要的一点是用时间追结果，每天下午的5点到5点半，我建议各位作为追结果的时间，看看每个人的事情做得怎么样、结果如何。同时，追结果的第二个目的是追的时候可能会发现有一些事情是根本做不出结果的，这个时候就需要您做一个决定了。什么样的决定？到底继不继续追结果，如果不在这个地方去评估判断，可能会导致我们浪费更很多的时间，所以要重新做一下评估。也就是追到追不到您都要做一下判断，然后，再向下进行。

PRACTICE

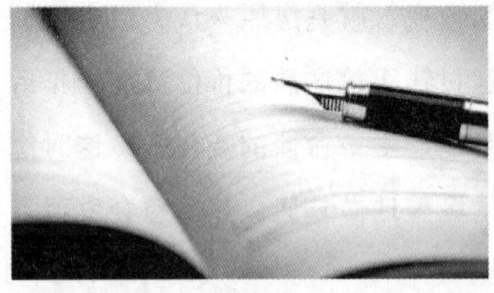

练习：以您的企业为例，请做出您企业的比赛计划来。

03

下篇 管理模式

三、循环成长

下篇 管理模式

（一）总结

当比赛完毕之后，会发现有太多的问题产生。那就需要总结了。

目标成功与失败及数据分析：

首先要对目标成功与失败进行评估，其次还要对一些数据进行分析。不知各位注意没有，当足球比赛结束的时候都会有一些数据显示，比如说平均一个人跑多少公里、脚球多少个、射门多少次、入门几个球。也就是说，各个方面的数据确实要分析一下，看一下哪些方面完成了。同时还要研究一下什么地方做得好、什么地方做得不好，这点也是非常重要的。

改善与总结：还要做改善和总结，特别是做得不好的地方，要求每个人都提出书面建议来。这个书面建议非常重要，因为每个人都有可能提问题，但是不会提出解决问题的方案。要解决这个问题，通常会制定出合理化建议奖，然后每个季度奖励一次。

下一步计划：总结以后，还要做出下一步的计划，包括策略、目标、计划以及支持的需求。

奖、罚、庆祝、反省：在这个比赛过程中如果做得好就会奖励，如果做得不好就会处罚，如果做得非常好我们就开庆祝会。这个时候要注意一个概念，奖励一定要经常进行。您认为奖励一般来说多长时间做一次比较好？您也许认为是一个月。请注意，您最好每周都有一些奖励，这些奖励也许是流动红旗，也许是小的奖励，也许是分数，但是这个分数到了月底就会变成一个大的分数了，它是一个累计的奖励。这样做的目的是让员工始终保持比赛的意识和兴奋的状态。在这里还涉及一个反省的问题，反省就要开反省会议，这个会议非常重要。我建议这个反省的会议最好是每个月开一次，要郑重地开，而且要辟出专门的时间开。要让所有员工都能提出他的疑问，要让他把心里话讲出来，这样才能达到反省的目的。

管理层总结：管理层的总结会跟员工的总结会，其会议结构是一致的，但总结的内容则不一样。所以，不要把管理层的总结会跟员工的总结会放在一起开，同时在召开员工总结会时，员工提出的某个问题您可能不好在现场处理，这个时候在管理层中间就可以进行一下探讨，探讨这个问题该怎样解决。

（二）保健

保健是非常重要的，我们既要懂得工作也要懂得休息，休息最好的方式就是进行娱乐。

娱乐：也许有人会问，我们每周周六周日放假这个时间是不是休息呢？这个不是，这个休息是体力的休息。真正的工作休息是什么？是您的员工在一起娱乐。我建议各位，每一个月每个小组都必须参加一次娱乐活动。一般来说要这样做，达成目标我们要奖励他们一些资金，可能是每个人100元，但是一定不能把这个钱分掉，而是让他们聚餐或者是唱卡拉OK。目的是让他们在一起玩，让他们轻松起来，这样关系就会变得融洽，各位会发现玩得好的员工在一起工作就会很开心。因为在娱乐的过程中他们感觉到了感情的交流、感情的互动，他们的感情关系就会好起来。

排毒：我们身体如果不舒服，就会找一个保健医生做按摩，按完之后就会发现很舒服，这是为什么？"痛则不通"，因为体内的毒素把经络给堵住了，毒素没有被排出体外，通过按摩把毒素排出体外您就舒服了。

想想员工不通的地方在哪里？是他的思想。所以，这个时候通常会有一个这样的做法，那就是谈心。每一个管理人员对每一个下属每个月都必须要谈一次心。谈心的最主要目的是让他把心里话讲出来。我们所关注的心里话有两个方面，一方面是工作上的问题，一方面是家庭里的问题。谈心的做法是这样的，这是一个单独的沟通，有时候会吃饭，有时候会喝咖啡，有时候会在公司的办公室里面，当然最好是在公司的办公室里面。办公室里放一些喝茶的茶具，这个时候您要让他放松。他只有充分放松了才会把真实的想法讲出来，这个时候您要让他笑，我们做这一切的目的是要他把负面的东西排出来。如果没有这个过程，他就不会把毒排掉，也就没有这个排毒的概念了。

治疗：您想，有没有可能有些员工"有病"？"有病"的意思就是说某些员工问题比较严重，已经不属于排毒的领域了，已经变成"病"了，是需要进行治疗的，就像人体感觉不佳的时候就要去医院一样。这

下篇　管理模式

个时候您首先要评估他哪些问题是比较严重的，治疗的方式跟谈心的方式是不一样的，这个是训导，对于某些问题要进行大力度的训导，或者直接骂到他哭为止，也就是说您一定要把自己对这些问题的愤怒表达出来，告诉他哪些是错误的、是不被允许的，当然这样的过程只能是一对一地进行。

训导完您还需要让他反省。这时您要问他："你对这个问题的看法究竟是怎样的？"人的面子就是这样，他一开始并不容易进入到反省的状态，但问题是，只要他没进入这个状态，该问题就不会解决。所以，这个时候一定要让他进行反省，有的公司会有反省圈或者是反省室，问题严重的甚至会让他写检讨书，让他知道自己的问题到底出在了哪里，这是反省的过程。

接下来，当这个治疗过程过一段时间以后还要与他进行沟通，以进一步了解他对问题的反省程度，看他是否有改过的意识或者言行。在这里讲一个概念，那就是健康的重要性。各位注意，如果您不做这些事情，代表您对一个员工在您的公司健不健康不闻不问，当您不闻不问的时候就代表您对自己的健康是不闻不问的。一定要让每个员工在企业里面很健康，他们真正的不健康是在于思想和情绪，所以所有管理人员每个月都要扫描一次，到底你管理的这些员工在工作状态里面是不是很健康，如果不健康就要对一些问题进行治疗。经过治疗后，员工就会变得健康了，再回到他的工作中，又开始进入健康的状态。

（三）营养

为了持续保持他们的健康状态，还要及时补充营养。营养和健康是两个概念，健康是让他们没有病，但是没有病并不代表他们就很强壮，员工不但要没有病，还要比较强壮。那么，该怎样做呢？就要给他补充营养，这个营养来源于四个方面，给他一些动力，然后给他营养，适时地进补，还有新视野的概念，这四个方面是不一样的，所以我们要先评估，看到底这个员工需要哪方面营养。

动力：动力是指这个员工作有没有动力，当他工作不积极、不主动的时候，是做不出成果的。这时最简单的做法是让他向成功的人士学习，用一个更大的目标去引发他的动力。因为人总是在向上走，目标不够大他就不会产生动力，只有当一个目标非常诱人时才会起到作用。如果他还没有动力，也可以找一个有动力的人跟他在一起工作，感染他。这个地方有一个重点，各位认为老板的动力重不重要？如果老板没有动力，请问他的下属有没有动力？没有。因为他们是看老板的，老板有动力就会感染他们。所有的员工都愿意把老板当成他的偶像，老板今天所做的事情就是他未来要做的事情，所以当您怎样做的时候他们就会照着您学。

营养：营养就是我们说的知识和技能，人体为了摄取营养，要不要每天吃饭？同样，员工要不要每天对其能力进行提升？所以，要让员工每天都摄入一定的营养。在经营模式中曾提及要建立学习型组织，要让

下篇　管理模式

他们每天都看书，然后每周、每月都有培训，也就是说这个营养要不断地增加，这样您就会发现员工的能力也在不断地提升。这里面有一问题，员工每天、每个月学习的内容要不要跟他现在的工作内容相关？一定要相关，理论结合实际才能产生更大的工作效率，这样才会让员工更快地成长。

进补：想想人体在什么情况下需要进补？体虚。那对于我们的员工来说什么情况下需要进补？注意，是他们某一方面关键的能力很欠缺，需要进行革命性的提升的时候。这个时候我们采取的最重要的方式就是闭关。闭关这个词感觉在哪里听过，在武侠小说中很多武林高手，如果要把功力提升一个级别，他就要闭关。在这里是指要通过集中培训把他们的能力彻底地革命性地提升起来。这个时间最少是七天，最长可以是一个月，闭关就是提升他们能力的一个方法。

新视野：新视野的意思是什么？我发现在很多时候，您跟底下员工讲多少都没有意义。这个时候采取的最有效方式的就是带他们走出去，去到一个成绩比你们要高很多的企业去考察，也可以带他出国，或者参加一些展会。总之，目的是拓宽他们的眼界。建议各位每年要做一次开阔视野的工作，走出去看看别的企业是怎样做的。比如中国的改革开放，深圳先发展起来之后，有很多人到深圳去考察，也就是开阔视野的概念，如果他们的死脑筋没有办法开阔，就要开阔他们的视野，这样才能把这个问题解决掉。以上这些就是循环成长的内容。

PRACTICE

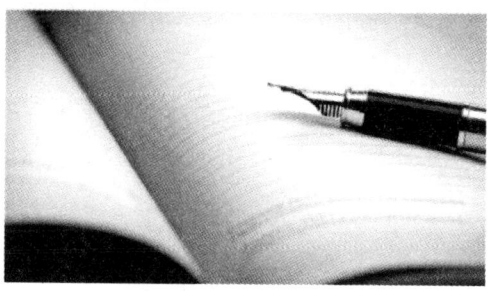

练习：以您的企业为例，请做出您的团队循环成长方案来。

04

下篇 管理模式

四、组织规划

(一)组织规划

首先,我们要研究一下组织能力。组织是一个什么样的能力?是自己、员工、事物三者相结合的综合管理能力。这个概念可能不好理解,我举个例子吧,假设我们把一个工作交给某个员工做,您留意这里,"我们"是谁?自己。"工作",是事物,交给员工去做,有没有可能做不好?也就是说做不出结果。这个时候有没有可能是您出了问题,有没有可能事情本身是不正确的,有没有可能是员工没有能力做好这个事情?那么,您想想,这个事情做不出来结果的原因是什么?是三者合到了一起。那么,对于老板来说,决定把这件事交给员工做的时候要不要了解这三者之间的关系?但是大部分人只研究做这个事情的细节和方法,而不研究这个员工有没有能力把事情做好,也不研究这个事情的本质,更不愿意研究自己跟这个员工之间的关系。那么,怎样才能把一件事情做好呢?这就需要我们具有一个能力,是自己、员工、事物三者相结合的综合管理能力,也叫组织能力。在经营模式中告诉各位如何从这个成功因子开始,一步步把企业规模做大。但是做大的过程需要一个重要的能力,这个能力是企业规模越大,代表您请的人就越多,人越多代表事情就越多。这个时候请问您要不要具备管理这些人的能力,组织能力就是您管理这些人的一个系统能力,组织能力越强代表您管理的人越多,在这里我们称之为组织运作。组织规划其实就是企业分工的问题,分工又分为横向分工和纵向分工。分工如果分不好,就会影响工作效率、就会产生互相推诿责任的现象。

（二）组织分工

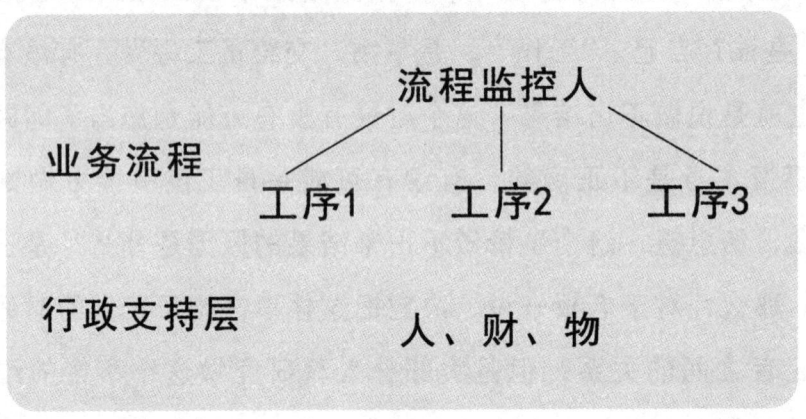

基层结构：基本生意单元

横向分工：也就是基层结构的分工、基本生意单元的分工（请看上图）。基本生意单元是这样的，它就是管理小组加员工的组合，包括两个方面。第一个方面，他可以完成顾客所需要的所有需求，包括产品和服务。第二个方面，它是一个人员组合，多少个管理人员、多少个员工合在一起就可以把这个顾客需要的相关事情完成，这个时候就形成基本生意单元了。如果对开店的公司来说就是一家店了，如果是对工厂来说则是一个车间，如果对开发市场来说就是一个销售的团队，不同的企业有不同的单元形态。

接下来，基本的生意单元里会有业务运作的相关流程，通常是制定

业务流程的人先全面了解清楚整个业务流程的各个环节，然后再执行这个分工。通常分工在企业里面会有两种方式，第一种是常规的分工方式，叫作职能分工法。职能分工法大概是这样的，您负责销售、您负责生产、您负责财务、您负责采购、您负责什么，是不是大概会有这样的一个分工方式？明确了分工之后接下来会写出工作职责、标准，销售具体怎么做，生产具体怎么做，应列出一个工作职能来，然后他们就开始工作了。这样的话各位有没有发现一个问题，工作中一旦遇到问题就会产生相互推诿责任的现象，而且整体的工作效率也不高，有没有这种现象？我告诉您另一种分工方式，即流程分工法。它的方式是这样的，先把要做的事情流程完整设计出来，再进行分工。下面我就讲一下流程分工法的具体步骤。其分为四步，第一步是规划流程，要求把做这件事情的所有流程规定得非常清楚；接下来即第二步，流程流畅，必须要保证流程的流畅，指的是这个流程有一套办法把事情做好；第三步是订立标准，规定做好的标准是什么；第四步是设计接口，即每一个步骤做完下一个步骤规定该由谁接着做。这是流程分工法的具体步骤。

接下来说说流程监控人。流程监控人是负责管理这个流程的，他的工作职责有四个方面，首先第一个方面是确定流程，也就是他要非常清楚整体流程的各个环节。第二个方面是监督流程，要监督着每个人是否在流程里面做工作，如果这个人没有在流程里面工作，那么代表这个流程就断掉了。第三个方面是仲裁解决。这个流程里面有没有可能出现交叉或者对这个标准的意见不一，这个时候就需要流程监控人来做仲裁了。第四个方面是流程流畅，有没有可能将某个流程断掉，在这个地方出现了问题？一旦这个流程断掉，就代表下个流程的人没有事情做了。这个流程监控的人必须出现在现场把问题解决掉，这时候该流程才能继续运行下去。

在这里我们要关注一个非常重要的管理思想："管理是植根在流程中而不是植根于个人中。"我这里解析一下，企业聘请了一个管理人员来，他有一套工作方式，所以员工就按照这个方式来做，后来这个管理人员离开了，之后又来一个管理人员改了一套方法，改完之后又这样做，第三个管理人员再来的时候，又改了，这时员工就问了，老板，该照哪个执行呀？有没有这个问题？所以这个时候，我们发现公司的整个业务运作并不是一个标准的版本，问题是，我们要不要做标准版本？答案是一定要做标准版本，有了标准版本员工做起来才会更熟练，效率才会更高，才会在熟练的基础上进行创新。同时，无论哪个管理人员离开公司，都不会影响到公司的正常运行。这个标准是整家公司统一的，一旦统一的时候，您聘请新的管理人员，他来到公司的时候首先是接受这个完整流程的培训，然后他再研究这个流程是怎样的，他可能经过研究发现某一段流程可以改进，但是要改进的话是他改还是整家公司改？一定是整家公司改。这些方面必须要统一地进行修改，让每个员工都知道该用这样的流程来做这样的事情，我们的员工是听话照做，听谁的话呢？听这个流程的。这个流程是由流程监控人去监控他按照这个要求做，这样管理就植根于流程中而不是植根于在个人中了。

组织规划

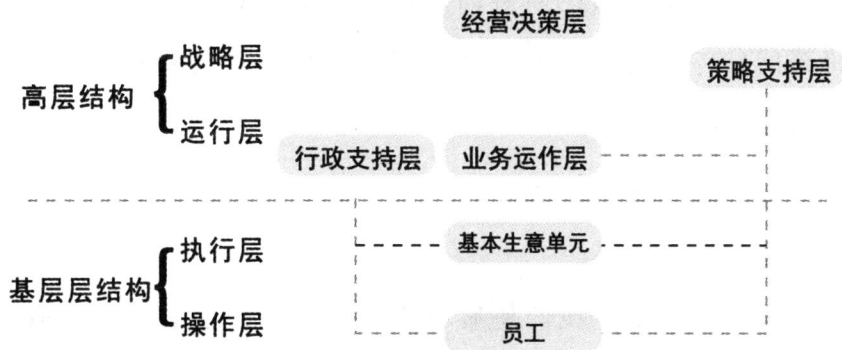

纵向分工：看上面这个最基本的图，在图中间画一条线，下面叫基层结构，上面称之为高层结构。在基层结构里面有操作层，是做具体工作的人；有执行层，执行监控操作层的人是否按照相关的标准去做。

高层结构有运行层，运行层的人在系统外来运行系统，然后还有一个研究企业战略的战略层，我们纵向分工分成这四个最基本的层次。基层结构我前面已经讲过了，接下来就研究一下高层结构。先看运行层，运行层是做什么的，第一个是设计完整的业务流程与基本生意单元，第二个是组织业务流程运行起来的要素。运行层跟执行层不一样，其是研究系统运行的问题。然后，通过调节系统运行来支持执行层更好、更快地达到这个结果，这是运行层的工作分工。

接下来是战略层，战略层要解决两个问题，一个是战略方向性的问题，比如两三年后每一个不同的部门您会发现它有不同的变化，如果这个时候没有提前做准确的话就会有问题。问您一个问题，您说在美国苹果公司是软件开发人员的薪资高，还是产品设计人员的薪资高？另外一个是跨部门整体运行的问题，我们叫一体化运营的要求，也就是说是解决企业整体运行的。

（三）企业整体运行职能

探讨一个管理思想：

说管理一家公司，我们是靠一个人去管，还是靠一个团队去管？当然是团队。这个团队是怎样的？要有相应的分工，如果这个团队分工分不好，就会导致互相推诿责任、工作效率低下的情况出现。接下来我们还要清楚一个最基本的概念，即要去管理一家公司的话，一定要有一个管理架构。这个管理的架构分成四个层级，一个叫业务运作层，一个叫行政支持层，一个叫策略支持层，最后一个叫经营决策层。请注意，每个层级工作分工的要求都是不一样的，比如说业务运作层。业务运作层做什么事情呢？它是监控完整业务流程的正常运行，也包括各个部门的正常运行，在很多企业里边叫COO，就是首席运营官，是负责业务的总流程监控的人。那么，各个层级的职能是什么呢？

业务运作层职能：

包括销售、生产和研发。销售是把产品卖出去，生产是负责做出好产品来，研发的意思是它确定什么样的产品更好卖，是负责研究设计产品的，总之是确定这个企业应该卖什么产品。

行政支持层职能：

行政支持层的职能包括人员、财务和后勤。人员，如果生产部或者销售部没有优秀员工的时候，就要找行政支持层了。财务，它提供财务支持，财务是什么呢？这些人工作的时候要不要发工资？销售部可能要去跑市场，需要资金，然后生产部需要采购材料，也需要资金。后勤，后勤是什么呢？每个员工都需要办公场所、办公环境、办公用品等等，这些都是后勤进行支持给到员工的。也就是说，行政支持层的概念是，当这个业务在运作的时候我们如何支持，提供相关的人、财、物等等，这是我们所说的行政支持层。

策略支持层职能：

策略支持层的职能包括初始化、提升性工作和不管事务。什么叫初始化？我们做一切事情都要初始化，比方说现在开一家店，要设计图纸，要装修，要招聘新员工，要培训，开业的时候要保证进入到正常的经营状态，这时候您想个问题，可不可以把业务运作层的人抽调来做这件事？不可以，如果这样做业务运作层就会出问题，因为业务运作层每天都会有业务在运行，如果把他们抽过去就代表这个流程断了。这时候就应由策略支持层初始化部门来负责这个工作。所以您规模做大的话，就必须要有初始化的部门。提升性工作，我们经常会发现，某个部门运行效率不高，或者哪个地方有问题，这个时候就应由策略支持层的人负责把这个事情进行管理。不管事务，比如有些事物没有人管，这个时候该谁来管呢？策略支持层来管，这样的部门我们称为策略支持层。

经营决策层职能：

经营决策层的职能包括投资、经营和组织。投资，是指要研究投资策略问题，包括您的资金要不要投或者要投到哪个位置，您的资金不够要从哪里寻找资金进来，以及我们这个企业今年赚钱了以后利润将怎样投资？这是投资的问题。

经营，经营是指您这家公司是怎样赚钱的？是来研究您企业整体经营模式的问题。

组织，我前面讲过，纵向分工，从操作层、到执行层、运行层、战略层。

这些就是组织的工作，如果这家公司的组织系统出了问题，就要有一个部门去把这个组织系统调整好，这就是经营决策层的三大职能。

（四）企业整体管理架构

企业整体管理架构

经营决策职能模块

	设置	经营	组织
战略层			
运行层			
执行层			
操作层			

策略支持职能模块

	初始化	提升	不管事物
战略层			
运行层			
执行层			
操作层			

下篇　管理模式

业务运作职能模块			
	业务	生产	研发
战略层			
运行层			
执行层			
操作层			

行政支持职能模块			
	人员	财务	后勤
战略层			
运行层			
执行层			
操作层			

我们来看上图，其整体上就有12个职能，这12个职能构成了企业整体的管理架构。在这里有一个非常重要的概念，就是任意一个职能出现了问题就代表您的企业会出现相应的问题，这12个职能称之为企业的器官。企业的器官是什么意思呢？就是假设一个人少了某个器官。比方说少了心脏、少了肺部，是不是代表这个人就会出现相关的问题了。当您有这种概念的时候，我们说哪一个器官产生问题，您就可以知道您的企业到底哪里有问题了。比方说您的企业里面老是招不到员工，那是哪个器官有问题？行政支持层的人力资源部有问题，您的资金运作不良或者没有赚钱是哪里有问题？是经营决策层有问题。您的产品不太好卖，是研发部门的问题，还是销售部的问题？这个产品不行是研发部的问题，卖得不好是销售部的问题。您想开一家新店，但就是没有人来做开新店的事情，这个时候是属于哪个部门的问题？是不是策略支持层的初始化的工作没有做，是不是这样的概念？老板在这里有一个重要的任务，就是要组合完整的企业运行职能，也就是说您整家公司运行良好必须要有

下篇　管理模式

这12个职能都在正常运行，如果12个职能不正常运行就代表您的企业会"缺胳膊少腿"。

这12个企业器官，按照企业总体运行的要求，每个器官又分成了四个层级，每一个层级有不同的运行要求，这样就构成了48个器官。您现在可以利用职能分析表进行职能分析练习。这个职能分析练习分为三个步骤，从操作层到执行层、运行层、战略层，每一层都详细地进分析。第一个步骤，首先要确认有没有这个器官？如果这个职位里边有人在做，就代表有这个器官，就把这个人具体的名字填上去。如果这个职位人数很多，您就填职位。第二个步骤，这个器官是否正常？就是研究做得好不好？可以评估一下第三个步骤，根据您填写的职能分析表分析一下您现在企业运行的状况，您就能清楚地知道当下企业运行的问题出现在哪里了。

（五）直线系统与支持系统的分工

在企业的组织管理过程中有两大管理系统，各位要清楚。一个是直线系统，另一个是支持系统。首先是直线系统，简单说就是确保业务流程完整以及通畅的，业务流程一旦有问题出现，业务流程就断了，必须要马上解决。接下来是支持系统，是确保业务流程里需要的人、财、物的充分，如果这个地方不够充分，就要去研究解决这个问题，以做好充分的保障。

（六）组织架构的发展

在企业发展的不同阶段，组织架构也是不一样的，在经营模式中讲到了企业发展有以下几个阶段，即专业化、个体化、公司化、部门化、集团化、产业化和市场化7个不同阶段的发展。企业发展的不同阶段，针对组织架构的区别本质，其实就是管理工作权力的下放过程。在专业化阶段，老板负责所有的管理工作，个体户阶段要下放执行层的工作，公司化阶段下放运行层的工作，部门化阶段要把战略决策的工作分成决策和执行两步，集团化阶段则是把战略决策的工作分给下属去做，到了产业化阶段就更复杂了。现在各位可以对应一下自己的企业规模，看看做到了什么阶段，然后应当下放什么样的权力。

（七）职位序列与评估标准

组织分工完成以后就需要聘请相应能级的人来做这些事情了。那么，在这里我们先说一下用人原则。用人的原则是不能小材大用，也不能大材小用。如果小材大用，他还没有那个能力而用到那个位置，那么他不会把事情做好。如果大材小用，其个人能力很高，您却只将其放到一个很低的位置上，他会怎么样？他就会不稳定。所以，要刚刚好，他到哪个能级然后用到那个位置就比较好了，下面我讲解一下职位序列。这个职位序列是依据5000万元左右营业额的企业职位标准来进行讲述的（请看下图）。也就是说，如果您的企业有5000万元左右的营业额，您大概所需用人的架构就是这样一个基本层次。

下篇　管理模式

职位序列	特征能力	知识学历	计划跨度	参考底薪(元/月)	年总收入	住房标准
经营级	战略	博士	2-3年	12000以上	24万以上	3房
			1年	9000-12000	16万元-24万元	
管理级	系统	硕士	6-12个月	6000-9000	12万元-16万元	2房
			3-6个月	4000-6000	8万元-12万元	1房1厅
主管级	创新	本科	2-3个月	2700-4000	6万元-8万元	1房1厅
			1个月	1800-2700	4万元-6万元	1房
职员级	知识	专科	2周	1200-1800	3万元-4万元	3人-4人
			1周	800-1200	2万元-3万元	
职工级	体力	基础教育	3天	600-800	1万元-2万元	4人以上
			1天	600以上	1万元以下	

这里有职工级、职员级、主管级、管理级。旁边这里会有一个他的评估标准，总共有4个标准，第一个标准是他的特征能力，第二个是他的知识学历范围，第三个标准是计划长度，第四个标准是他过去一年的薪水，我们就用这四个标准去评估该人的能力。

特征能力：

这是最重要的评估标准，是指在这个级别里面的人能够意识到问题的复杂程度以及解决复杂问题的能力。我们首先来看职工级也叫体力工作者，正常的人就可以做这个工作，不需要特别多的知识。但是职员级则是知识工作者，需要一年以上的时间学习才能胜任这个工作，有一系列知识架构、有效的方法来支持其把这个职位做好。通常职工级一个月

就可以把他所需要的知识培训完,最长不超过3个月,短的也就是一两天。但是到职员级两三个月绝对解决不了问题,要花整整一年时间。比如说他在工厂里面是普工,就是职工级的。技术工就是职员级的。在企业里面也是这样的,普通的小文员可能是职工级的,但是有一些秘书就是职员级的,她必须对某些专业性的知识学习到一定程度才能达到该要求,我们称之为知识型工作者。接下来就是我们的主管级,主管级称为创新型工作者,要具备两种特征能力,一种是不断改进工作的能力,主管级更多的是面对问题的复杂性、变化性,能意识到这个变化而且可以改进,可以做得更好。另一种是有创意、动脑筋、有解决办法的能力,碰到新的问题动脑筋可以解决这个问题,称之为创新工作者。接下来是管理级,也叫系统工作者,其具有两种特征能力,一种是本部门的系统性工作及对系统进行改进的能力,第二种是跨部门进行配合的工作能力。具有这两种能力就叫作管理级了。最后是经营级,称之为战略工作者,必须要懂得企业一体化倍增系统。他也有两种特征能力,第一种特征能力是能看清楚行业未来两到三年以上的发展方向。第二种特征能力是他可以综合考虑企业各个部门的运营状况以做总体的运营。那么,对于管理级和经营级来说,特征能力的最大区别在哪里呢?一个是战略方向性,另一个是系统能力,管理级的系统是本部门的系统、经营级的系统,是企业整体的系统。

知识学历：

知识学历来源于两个方面，第一个可能是读书学来的；第二个是在企业里有一个师傅或者上司经常指导他，然后再进行学习。这两个方面我们都称为知识。首先我们看职工级的要求，大概是相对于基础的教育，就是初中或高中毕业的，对一些基本的问题可以理解就可以了。接下来到职员级的，就得是中专或者是大专毕业，有一定的知识量。主管级的相当于本科的要求，到管理级称之为硕士的要求。经营级称之为博士的要求，这里的博士不是我们所说的大学的博士，而是指企业家的博学多才，如果一个企业家可以把企业经营到5000万元营业额的时候，请问他博不博学、多不多才？只不过他的博学多才不是在学校里面学的，是在社会实践中和日常工作中总结历练到了博士层面。

计划长度：

分为初级和高级。职工级的初级大概可以把一天的工作计划做好，高级的大概是两三天左右把工作计划做好，职员级初级大概是把一周的工作计划做好，高级的两周左右，主管级大概是一个月的工作计划，个别高级的是2到3个月，管理级应该是3到6个月的工作计划，高级是1年，经营级就可以做1年的工作计划，高级的可以做到2到3年的工作计划。这个计划的意思是说，他不但可以做出这个计划，而且做完这个计划以后还能达到这个结果，如果做了计划却达不成结果，请问他做的这个计划长度有没有达到评估标准，也就是说，他有没有做这个计划的能力?在这里最常见的问题是,我们经常会让员工做一个月的计划,根据这个表我们员工一般可以做多长时间的计划?一周到二周左右,超过一两周的工作计划他做不好。所以各位注意,在这个时候让您员工做一个月的计划只不过是让他想办法去做而已,但是要不要求真的做好?真正要求做好的是一周的工作计划,这是我们要搞清楚的。

参考的底薪、年总收入还有住房的标准:

所谓住房的标准是这个层级的员工必须有能力住得起这样的房子,如果他住不起就代表他是有问题的。这些数据是我们统计出来的,基本上大部分行业都符合这个基本标准,有了这个基本标准就可以评估了。

(八)完整评估

组织分工以后我们就要找到相应能级的人去做这个事情,找到以后会发现,即使是同一个级别的员工,能力差别也是很大的。所以,接下来就要进行完整评估,也就是同一级别里的能力评估,前面我们所说的是级别性的评估。那么,完整评估就要用到成功三角了。我们在经营模式中讲过,把一个人的能力分成三个不同的内容——行业、职位、合作,这样就形成了一个成功三角。他三条边都很长的时候我们说这个人的能力很高,一个人能力越高成功三角的面积就越大,我们给他的薪水就会越高。但是如果有一条边没有达到,就会导致出现问题。有些人合作边没有达到,有些人是行业边没有达到,或者职位边没有达到,我们要求是三条边都达到才可以。清楚了成功三角的概念以后,我们就来研究如何完整评估。在这里要把同一级别里的能力分成五个级别这五个级别是无法忍受、有待改进、足够、好、卓越。

无法忍受：

就是连最基本的要求都达不到。

有待改进：

他符合聘请的最低标准，就是这个还能用，但是有些方面能改进就更好了。

足够：

他刚好可以解决这个级别所需要工作的内容，这个地方差一点，那个地方做得不错，总体上是刚刚符合这个要求。

好：

好的标准是，可以成为同样职位的人学习的榜样。

卓越：

卓越的意思是，他已经不适合做现在这个职位，而是可以做到更高级别的一个职位。

（九）薪酬体制

前面讲了组织分工，分工完了以后我们又讲到了如何评估一个人的能级、有了这个基础以后，就要设计我们的薪酬了。各位想想，如果薪酬设计不合理他们会不会好好工作？所以，薪酬设计是否合理是非常重要的，现在我们就来详细了解一下这方面的内容。

下篇　管理模式

1. 薪酬结构：

薪酬的结构体现在四个方面，第一个是生活保障，第二个是劳动成果回报，第三个是阶段性投入回报，第四个是长期性投入回报。

第一个方面，即生活保障：实际上员工的需求首先是生活保障，他们希望保障自己的生活水平不变，原来我是怎样的生活水平到了您的公司不会产生变化，但是大部分老板都希望低底薪高提成，是不是这样的想法？其实各位要清楚一点，这个底薪就是生活保障，如果底薪不能保障他的基本生活您就聘请不到他。同时各位想想，不同能级的人生活保障水平一不一样？我们这里有一个标准，就是要解决他的衣食住行。他的衣食住行的费用大概是这样的，第一大费用就是他的住房费用，第二大费用就是衣食住行中的穿衣服，还有一个就是他的吃饭费用，第三大费用就是交通要花多少钱；第四大费用就是交际费用，基本上每个月要和一些朋友吃饭、聊天，交际一下；第五大费用，如果有家庭的话就是孩子的教育费用，这是他们的一些基本费用。所以各位要研究一下不同能级的人生活保障大概是多少，如果您的底薪达不到他的生活保障，他就不愿意来您的公司，这就是生活保障的概念。

第二个方面，即劳动成果回报：就是我们所说的提成或者奖金。

第三个方面，即阶段性投入回报：通过一年的工作努力达到了公司的要求，我们给予他什么回报，很多公司的年终奖就是这个概念。同时，老板都希望这个员工未来两三年还会在公司继续工作。这样的话您的薪酬体制里面要不要有吸引他未来留在您公司的计划？如果没有这个计划，他就没有兴趣留下来，所以我们必须要有这个计划。

第四个方面，即长期性投入回报：就是对未来收入的一个规划。

2.结构比例：

也就是底薪、奖金、提成的比例关系。首先说底薪和奖金。对于企业而言，员工基本上分为三类，行政、业务和技术。底薪和奖金的结构比例是这样的，行政类底薪大概占80%，奖金大概占20%，业务类底薪大概占30%，奖金大概占70%。这是什么意思呢？比方说您开一家餐厅，那么，各位想想，这家餐厅的业绩高低是跟餐厅的硬件关系比较大，还是跟员工销售能力的关系比较大？是餐厅的硬件。这个时候底薪很低、提成很高，您的薪酬设计就是有问题的。接下来是技术类，在这里是指技术比较强的，通过他的技术使您这家公司产生革命性的变化，我们就可以说这个人的硬件很高。通常底薪为零，奖金是您的营业额的百分比。举个例子，广州有一家童装企业，当时其一年的营业额是5000多万元，他们请了香港一个服装设计师，一年给他60万元设计费，相当于大概1%的营业额。后来老板进行了调整，直接按营业额的1%付这个设计师设计费。结果最明显的变化是，原来他每个季节大概设计180款童装，而做了这个调整以后，他每个季节设计出了多少款童装呢？360款。为什么？他希望这个品牌赶紧运作起来，因为营业额就是他的收益，结果第二年这家公司的营业额就做到8000多万元，第三年就做到1

亿多元,这就是好的薪酬设计给企业带来的效益!

接下来说一下提成。提成该怎么计算呢?举个例子,我们认为服装店的店长是什么能级的,是职员级还是主管级?主管级。在职位序列中主管级一年的薪水是多少?初级一般薪水是4万元到6万元,一般我们不需要高级的主管。4万元到6万元,平均一年总的收入是多少?就是5万元,5万元除以12个月,可不可以算出每个月是多少?大概是4000元左右。接下来看看他的底薪应该是多少?他是属于行政系列,还是业务系列?是属于业务系列中管理业务的,是属于公司硬件占得比较大,还是个人业务能力占得比较大?是公司硬件占得比较大,这个时候底薪等于总收入的多少?50%。所以他的底薪是多少?2000元。

那么,各位想想他提成的收入等于多少?2000元。是怎样计算的?就是正常情况下,您每月的营业额以一个比例给到他。比如在说正常情况下,这个业绩是一个月10万元,各位想想这个比例是多少?2%。这个时候您可能就设计,8万元的时候可能是1.8%,5万元可能就只有1%,15万元的时候是多少?这里有一个奖励决定动力的问题,诱金一定要够大才会有动力,大到比他正常的收入要高几倍以上,而且要让他觉得够得着。如果他觉得够不着,那这个奖励就没有用了。说到这里,您可不可以依据我们上面讲的方法,结合职位序列表,把您企业所有职位的底薪设计出来?可以。这里各位要注意一个问题,即为什么行政类的底薪比较高、奖金比较少呢?行政是企业稳定的基础,尽量不要激励他赚钱，比如说您财务的经理要不要激励他赚钱？一旦他思想一歪会产生不好的后果。但是业务人员最重要是让他们向前冲获取结果，这样我们企业才能获利。所以，必须要鼓励他们去赚钱。这两类人是不一样的，这就是分工不同的结果。

3.奖励模式：

职工级：就是工作质量，有什么工作质量就给什么薪水，不要提提成问题，他觉得公司稳定就留下来了。

职员级：他就有工作量与质量的关系，比如说销售部的人员，一般企业设计的薪资标准就是底薪加提成，但是各位要清楚，我们还要有一个质量薪资，就是直接与他的工作质量、服务质量相挂钩。这个质量指的是顾客满意度（就是满意比例）、常客购买次数、顾客转介绍率，这几个都是我们常用的工作质量指标，非常重要。很多老板只关注结果，而不关注工作质量指标。

但是，当您关注工作质量指标的时候，会发现企业业绩是直线上升的。具体的做法是，采用权重的方法，把他们的底薪分解成底薪、顾客满意度（就是满意比例）、常客购买次数、顾客转介绍率等一定的权重比例关系。

主管级：主管级的奖励方式是小组业绩，就是小组的业绩提成，是他收入的主要来源。

管理级：请注意，管理级的员工一个月的收入是多少？大概是1万元,他能一个月赚到1万元,我们说,他平常缺不缺钱花?不缺。这个级别的员工他自己做一个小老板可不可以?可以。所以这个级别的员工有个问题,他是最不稳定的。通常说他们最喜欢的就是五子登科,所谓的五子登科是房子、车子、票子、娘子、孩子。如果这个人能够拥有房子、车子、票子、娘子、孩子,基本上这个人已经生活得比较美满了,已经完成了他人生的基本目标。那么,我们要不要把他们留下来?要怎样做?告诉您一个具体的方法,那就是设计一个奖金池计划。这个计划是这样的,每年从您的公司利润中拿出5%到8%来设计奖金,如果没有利润就没法来进行奖励了,有些公司为了不让他们知道利润是多少,可以把他换成营业额。比例大概是营业额的1%到2%,每年拿出这个奖励来。怎样奖励呢?就要订立奖励的原则。这个标准是这样,首先是管理级以上的员工,这是第一个要求。第二个要求,在公司工作满三年以上的管理级员工。第三个要求,奖励的是房子或车子的首期。第四个要求,按贡献的大小逐个奖励。第五个要求,接受奖励者必须要跟公司再签一个三年的工作协议。举例说明这个方案的设计,比方说这家公司年营业额是2000万元,按营业额的1%来预留奖金,就是20万元。然后第二年,公司的年营业额是3000万元,就有30万的预留奖金。第三年,也许年营业额变成4000万元了,就有40万元的预留奖金,这样三年预留奖金总额就是90万元了。那么在第三年年底我们就可以奖励了。怎样奖励呢?先做贡献大小的评估,然后按照评估结果逐个奖励。我们设计

下篇 管理模式

奖金池计划有这样几个特点，第一个，这些管理级人要不要一起来做一个大业绩？要的，因为奖金是总体营业额的比例。第二个，请问他们要不要协作配合？要的，只有协作配合才能产生最大的营业额。第三个，排在后面的人离不离开公司？排在后面的人明年就分到房子了。接下来是第四个，这些员工分到房子以后要跟公司签三年协议，那么他们要在公司工作多少年？一开始是三年，后来又加三年，至少是六年。那么，管理级员工稳不稳定？第五个，很多公司请非常厉害的人到公司的时候，其他管理人员会不会排斥他？会。他们排斥他的原因在哪里？因为他们怕他占了自己的位置。但是现在情况变了，三年以后，新人才有资格进入奖金池，所以现在会不会排斥他，愿不愿意让这些人进来？另外，新来的员工要不要在这里熬三年？要。前面这些人的房子是不是已经分得差不多了。第六个，奖励房子以后可不可以再奖励车子？可以。请问，前几名的管理人员应该留在公司多长时间？您就会发现是十年以上了，所以这个奖金池计划的重大意义在于公司管理人才的稳定是团结、协作配合以及由此产生的更大的公司效益。

经营级：经营级的人年收入大概是多少？20万到30万元左右，那么这样下来，您会发现他每年能积攒下的资金可以达到多少？15万元左右，三年以后他积攒的资金就达到四五十万元了，他既有能力经营生意，又有资金投资生意，这个时候他会不会离开公司，要不要把他留住？那么，该怎样留住呢？最好的方式是，让他把这四五十万元放在公

司，把他变成股东，一起参与到利润分配当中来，如果做不到这点他就会离开。

以上就是我要讲解的薪酬体制，接下来讲解一下薪酬体制的重要性。一个好的薪酬体制，薪酬必须有等级，请问，历史上最厉害的团队是哪个团队？是成吉思汗的团队。这个团队有多厉害？他曾经占有的国土面积相当于现在中国国面积的6倍，其中的秘密就在于团队有等级的制度，成吉思汗把他所有的子民都分成十户长、百户长、千户长、万户长，每个等级的收入大概相差两三倍左右，这个军队一起去打某个国家，打下来之后要分财产、分土地，就是按这个等级来分的。但土地所有权还是国家所有，只不过地的收益要交税，这是他整个国家管理的体制。想想，以往的军队去占领别的国家，打下来都给谁了？皇帝。现在请问成吉思汗的军队打仗是为谁打？自己。这样战斗力高不高？所以老板最重要的事情就是设计公司运行的等级。所有的员工在您公司里面，什么样的等级、能力有多大，就可以赚到多少钱。到最后有可能成为您这家公司的股东，所以这个事业是属于谁的？所有的员工。那我们说您公司的工作效率高不高？这就是好的薪酬体制的重要性！

（十）企业留人技巧

我发现企业在招人方面经常会面临这样的问题，就是好不容易招到合适的人员，经过沟通以后却留不下来，留下来了也留不长久。产生这个问题的原因是什么呢？是您不清楚企业不同层级人员的工作需求心态。所以，在面试沟通时就满足不了他的需求，人自然就留不下来。现在，我就分别来讲解一下各层级人员的工作需求是什么。

职工级：职工级的人就是收入，所以在招聘这个级别的人员时您不要跟他谈培训，您跟扫地的阿姨、搬运工说公司的培训很好，他会觉得您这个老板有问题，您只要告诉他收入是稳定的、每月有多少收入即可。只要您的工作做得好钱是不会少的，这是要跟他谈的内容。

职员级：这一级就要谈培训了，即您的公司会安排什么样的培训，为什么呢？职员级称之为知识工作者，他因为学了知识以后能力有所提升，所以薪资会有所增加，在这里他会尝到甜头，所以这个时候您谈培训是非常重要的。

主管级：您就要跟他谈空间了，有很多老板在这个地方跟他谈培训，想一想，好一点的主管他自己会不会培训员工？他会说我天天给员工培训，您还跟我谈培训，所以这时候您要告诉他，您的晋升空间在哪里，要看未来几年的发展会怎么样。

管理级：您要跟他谈事业。我发现很多老板跟他谈空间，他会说，我也天天跟别人探讨，您现在就不要给我画饼了。所以管理级的人，您要和他谈事业，谈公司未来的发展前景，这是事业的心态。

经营级：经营级的人，您要跟他谈理念，跟经营级的人谈事业是没有用的，经营级的人能力是没有问题的，这时候最关键的是你们的理念

能否达成一致,并建立长期合作的关系。如果各位的理念不一致,就不能够合作。正所谓"道不同,不相为谋"!

总结一下,经常说"对人说人话,对鬼说鬼话",就是我们要清楚对不同层级的人员的工作需求是什么,所以在面试沟通的时候就谈他需要的内容,满足他的需求,这样我们才能把人留住。

(十一)总裁人力资源管理

知识管理:就是工作有效的方法体系模式化。您的公司里边哪些工作做得好的,这个方法需要保存下来,而且需要保存在什么人身上?保存在您的股东,就是有股份的人身上,而且让他们很好掌握。

人力盘点:您的公司一定要建立起基本完整的流程,如果这个基本流程的人员不够,代表这家公司是不稳定的,所以要赶紧把相关的人招进来。但这是需要盘点的,盘点一下缺哪些人后再把他招进来。

组织规划:就是我们要做企业未来的组织规划。您的企业未来两到三年后需要什么样的人才?前面我讲到48个企业器官,讲到在不同的企业发展阶段组织架构也不一样,所以您要把企业未来两到三年后的组织架构列出来,接下来要研究这个组织架构里边的人怎样产生,另外您还要研究自己以后可能成长到哪个阶段,您有一些高层的人员招不到的原因,是由于在这之前没有做两到三年的组织规划而导致的,大部分人都没有这个概念,特别是您最重要的核心团队的成员,请问这些人容不容易招到?不容易,所以您必须提前规划出来,这是关系到您企业未来的。

核心团队的建立：组织规划里边最重要的就是核心团队的建立，核心团队的建立有一个重要方法，我们称之为"杠杆原理"。什么叫杠杆原理。"给我一个支点，我可以撬动整个地球"。这个方法的核心是，首先找到核心团队的核心人员，然后待遇要高，通常应过常规的30%甚至是50%，通过他就可以把整个团队撬动起来了。

企业文化的建设：一个群体在一起工作，如果他们的思想不一致就不能团结，所谓的企业文化就是指高层的管理人员各自的各种思想是否可以合在一起拧成一股绳，这时候就涉及企业文化建设的问题了。

储备干部训练：当您的企业达到一定规模的时候，建议您给每个部门经理招募一个助理。这个助理应该是大学毕业生，最好是毕业两到三年的，薪水要求也不高。同时，他对这个经理而言也没有什么威胁。为什么要招这个助理？我发现，很多管理人员在岗位时间长了就已经变成"老油条"了，不愿意成长，有没有这种情况？这个时候招募助理，招他们进来以后您还要做一件事情，每个月要做一次一天的独立培训，这样连续培训12个月以后，各位想一想，这个人的成长速度快不快？这时候"老油条"会觉得怎么样？他就有压力了。您会发现，两种人就形成了一种比赛关系，这样我们的工作效率就会提升起来。另外您可能发现某个管理人员有问题，但是您要炒掉他又很难，因为您炒掉他以后再找到同样的人可能几个月都找不到，这时您有了助理，已经经历了一年的工作，请问炒掉上面的主管，这三个月暂时由他来代替，可不可以？深圳有一家公司叫华为，应该都听说过吧，这家公司很厉害，基本上每个高管到了一定程度都要配一个秘书。听上去这个秘书很简单，但我告诉各位，所有华为的秘书都是硕士毕业的，然后他的公司里边有个部门专门培训秘书。华为有一个要求，就是当有主管离开时，在三个月内这个秘书都可以监管这个部门的工作，您想这家公司稳不稳定？非常稳定！

员工异动：每个管理人员每个月必须要针对自己管理的每一个员工分析其动态。如果员工有异动的话就要提前跟他进行沟通，尤其是一些核心员工。如果他已经有问题了，您再去找他沟通已经来不及了。所以，当他有一点点异动的时候您就开始找他谈，这个才有效果。请问这七个方面，您的人力资源部做不做呢？这是老板做的。

（十二）经营管理效率

经过组织分工以后，他们就开始去工作了，那我们还要关注管理效率，这个管理效率指的是如何做好顾客管理、如何通过持续改善提升工作效率。

1. 顾客管理观念

第一点，您企业的顾客必须要有人对他负责，负责的标准是能够叫出顾客的名字来。也就是说，由谁对他负责必须非常明确，如果不明确就代表会有问题了。举个例子，我们经常到超市买东西，超市有没有人对您负责？假设有一个超市是这样的，您办了一张会员卡以后，他会对您每个月在那里买了什么东西做出分析。分析以后会根据您的销售状况给予一些优惠，或者赠送您一些会员的礼物，或者当您购买一些专业性的东西时给予使用指导。这时候有没有人对您负责呢？是有人对您负责的业绩高还是没有人对您负责的业绩高？答案不言而喻。

第二点，必须要有服务模式来服务顾客，而且这个模式是有效的、顾客满意的。产品的同质化越来越严重，那么服务的品质就显得尤为重要了。

第三点，要清楚一个规律，这个规律是老顾客会产生80%的业绩，新顾客会产生20%的业绩，所以，要针对不同的顾客做好不同的顾客服务，以此产生更大的经济效益。

2.服务品质管理

首先是顾客满意度。顾客满意度是我们企业非常重要的工作质量指标。这个指标在某种程度上不能仅仅让我们的员工去管理，让员工管理，他们一定会认为顾客是满意的。这个时候该怎么做呢？要在公司层面上，花一到两个月时间对顾客进行满意度调查，有满意度问题的要追踪解决及处罚相应的员工。再有就是神秘顾客。神秘顾客，等于找个镜子完整地照一遍您的公司服务，看哪里有问题。一般来说，每个月您都要找一些神秘顾客，可能是两到三个人，可能是新顾客，可能是老顾客，可能是老板的朋友或者是高层的朋友。他们如果发现员工服务有问题，这个员工就得被罚款。那么，您想想，对于员工来说，如果他知道公司有这样一个安排，当每个顾客到他身边的时候，他知不知道是神秘顾客？他不知道，所以他要不要对每一位顾客都热情周到地进行服务？要的，对不对？所以，您公司的服务质量自然而然就提升起来了。

3.如何持续改善

如何通过持续改善提升您原来的工作水平，这个持续改善也叫作细水长流。一点一滴地改善，那么该怎样做呢？

第一点是问题点追踪，企业一旦碰到问题，要把问题交给相应的部门去解决，同时管理人员要拿本记下来，并且要去追踪解决这个问题，这样才可以。

第二点是工作经验的总结，我们要让员工养成笔记本文化习惯。每当某个员工某件事情做得好的时候，就要在笔记本中记上他的工作是怎样做的？再有，员工有具体执行的问题、效率的问题、技术的问题等等，针对这些问题，要求员工每天都想一条关于这个工作如何做好的方法。如果想不出来，那么让他翻书去找一找，直到把这个工作做好为止。想一想，过了六个月以后，对于这个员工而言，这个笔记本的内容会变成什么？是不是变成"九阳真经"了。很多员工不愿意去积累工作的经验，这是导致他工作能力低下的主要原因。

第三点是合理化建议，每个月所有员工都要写书面的合理化建议，有写的您就要给一个小小奖励，然后每个季度给一个大的合理化建议奖。同时，在您的工作里面有许多工作细节是可以改进的，但是在员工层面，他有没有权力去决定如何改？但是写上来以后，请问，可不可以由上面决定改，可以的！这就是我们合理化建议的概念了。

第四点是研讨会，通常是指请一些专家过来，每个月请来半天或者一天，让所有有问题的员工向专家进行请教，由专家给予解答，就可以把很多的问题解决掉了。

第五点是集中提升计划，集中提升计划的意思是每个月集中做一个主题。如果一个月天天都讲这个主题，他们会不会提升起来？会的！提升起来形成习惯以后再做第二个主题。有很多老板一下子要改变所有的事，这是做不到的。

第六点就是"一拖一"计划，在企业里边每个人都有徒弟、每个人都有师父，同时，当一个人要晋升到另外一个更高级别的职位时，我们要求他必须要带出一个人以上他才可以晋升，这就是"一拖一"的计划。这个"一拖一"计划可以让您企业的新人很快便能胜任工作。同时还可以避免由于公司人才的异动而给公司带来不稳定。

以上是日常工作中的一些改进方法，这些方法在改善原来的工作水平方面是非常重要的！

PRACTICE

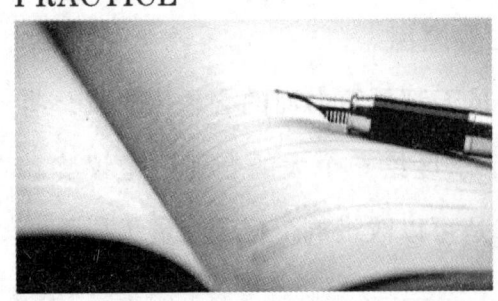

练习：以您的企业为例

1. 请做出您企业的职能分析表；
2. 做出同一能级的完整评估分析表；
3. 做出薪酬体制调整计划。

05

下篇 管理模式

五、组织控制

（一）可预见未来的计划

首先研究一下管理人员对于下属的责任，称之为可预见未来的计划。什么叫可预见未来的计划呢？当您把结果做出来的时候，您会发现这个结果以前看到过，我们称之为回到未来的概念。对于管理人员来说，经常会把工作交给下属去做，如果这个下属做完这个计划以后最后的结果却出不来。这时您就跟他们讲，我们一起来看看为什么达不成结果？这时候称之为"事后验尸"，即看看为什么会死掉？这时候有没有用？已经没有用了。所以我们要预见未来，预先知道这个结果会不会达到才可以，这一点对于管理人员来说是非常重要的。

那什么叫计划呢？在这里要做两个对比，一个是目标与计划的区别，一个是安排与计划的区别。

目标与计划的区别：比方说，您告诉员工这个月要做200万元业绩，您认为这是目标还是计划？目标是您要达到的结果，但是计划则是指如何达到结果。也就是说，您不但知道要做200万元的业绩，还要知道200万元的业绩是如何达到的，这才叫计划。

安排与计划的区别：经常会听到这样一句话——"这个事情我安排了，我叫他们做了"，那么安排与计划有什么区别呢？计划是确保目标达成的规划。也就是说，目标下来我们有计划，而且这个计划必须要确保目标完成。如果您仅仅是安排了，不是确保会达到结果的时候，我们说这个并不是计划。

（二）成事四要素

在清楚了什么叫计划以后，接下来我介绍一下做计划的方法，叫作成事四要素，也就是做计划的四个步骤。同时每个步骤会有两个部分，总计有8个步骤。

1.目标

分成目的和标准。通常做一件事情，目的是关于为什么要做的，而标准则是做到什么样的程度。那么您想想，是目的重要还是标准重要？目的重要，往往做事情为了达到那个标准，但是那个结果没有达到，这就代表这件事情还没有完成。我们必须要把目的做到才可以。在目的做到以后，即使在某方面没有完全达到标准的话，对于整体的影响也不大，因为目的已经达成了。通常设定目标有两个标准：首先必须是可测量的。可测量的意思就是说可以评估的，比方说我们要把服务做好一点，请问这个可不可以评估？不可以，很难评估！做好到五星级的标准，这时候可不可以评估？可以，和五星级酒店对比一下标准就行了。第二个叫跳高原则。什么叫跳高原则？指的是不是触手可及的，必须要努力才能达到的，这是第一个步骤。

2.策划

分为路径和方法。大部分人做计划的方式是这样的，从起点开始，知道目标以后就开始研究：我要做什么事情，然后再做什么事情，然后再做什么事情，最后希望能够达成这个目标。我告诉各位，往往这个目标是达不成的。现在告诉您一个新的方法,这个新的方法是以终为始,从终点开始倒推回来。应用这个方法各位要记住两句话,第一句,要达成这个结果我们需要做哪几件事?第二句,做好这几件事是否可以确保达成结果。大部分人做计划的时候都只是做到了第一句话的标准,我要达成这个结果我要做哪几件事,他不问自己做好这几件事是否可以确保达成这个结果。举个例子,您来学习业绩倍增系统这个课程,确定了一个目标希望企业效益翻倍增长,那您打算做哪几件事来达成这个目标呢?认真听课、记笔记,然后分享,然后应用。接下来,我要问第二句话,做了这几件事是否可以达成企业效益有翻倍增长的这个目标呢?不一定,现在有很多人说不一定。所以,真正做计划的方法是从这个终点开始出发,因为我们的目的是达成结果,所以把它倒推回来,到底达成这个结果我们要做哪几件事,把它都列出来。接下来再问自己这几件事做完以后是否可以确保这个结果产生,如果能确保就代表这几件事可以进行了,这个时候就可以策划出我们从起点到终点的一个路径了。这个路径就是先做哪件事,再做哪件事,再做哪件事,最后就可以达成这个结果了。当然,路径里边还涉及到方法的问题,每一个路径都需要有一个方法去解决这个问题。其实,在从终点倒推回来的过程中,一边推这个路径,一边就会找到我们的工作方法,如果您没找到工作方法,怎能确保这件事做好呢?这个过程我们称之为策划过程。

3. 震撼

这是做计划最重要的步骤，分为焦点和力度。什么叫焦点呢？在您的计划里边有一到两件事做好了，整个计划就基本上完成了。我解析一下，所谓完成，并不是说计划里的所有事情都完成，而是计划的基本完成，这一两件事就是焦点性的工作。这个时候我们就可以进行力度的调整了，调整时间、人力、财力、物力，通过力度的调整达到这个计划的震撼程度。什么叫震撼程度？是一定可以达成的意思，这件事绝对搞得定。各位想一个问题，您交给下属一个计划，里面有焦点性工作，且人力、物力、财力已经给到充分的程度，他可不可以达成结果？也就是说，我们把计划交给下属去做，首先是要确保他一定会达成结果，这样才可以。

4. 安排

分为时间和速度。什么叫时间？就是必须要确定具体的时间，即几月几日，您要完成这个事情。我们经常会发现一个问题，这件事情虽然做完了，但已经超过规定的时间了，做到结果也已经没有用了，所以当我们确定好这个时间的时候就已经要求我们达到什么样的速度了。举个例子，学完组织规划后，一个月内要把组织架构调整好，把人招到，这个时候会不会有一个时间的压力？那么这就是速度的概念。

以上是做计划的四个步骤，在这里我要强调一个概念，就是按菜谱炒菜的概念。想想一个问题，说一个人不会炒菜，但她按照菜谱买配料，严格按照菜谱流程去做，最后她能不能做好这道菜？"业绩倍增系统"特训营就相当于一个能力训练系统，您严格按照这个流程去工作，就可以提升能力，您就可以把企业做好了。但是各位要清楚，您是用工具来做事情的。所以，应用这个工具的步骤一定要清楚。

（三）组织性工作计划步骤

我们现在来介绍第二种做计划的能力，叫作组织性工作计划的能力。上面的成事四要素是做单件事情计划的，那么，什么叫组织性工作计划呢？就是当一个计划涉及到人员特别多的时候，比方说2008年北京举办奥运会，这时候我们称之为组织性工作计划。

这个计划的步骤是这样的：

确定总体目标：

也就是这个组织要做的事情的最终目标是什么。

总体目标分解：

针对公司总体的目标要分解成部门目标。

工作总量分析：

每个部门都要做工作总量的分析，就是我们这个部门具体应该做哪些事情？把事情列出来。

工作分拆：

对于一个部门做这样的计划，考虑到人比较多，我们就要把各种工作进行分拆了。分拆到什么程度？分拆到这件事情一个人就可以做的程度。

下篇 管理模式

工作组合：

分拆以后，为了提升工作效率，我们还要进行工作组合，就是哪些事情可以安排给同一个人做。

工作分派：

待工作组合完以后，接下来就要进行分派了，即决定由谁来做。

工作说明：

分派之后还要做工作说明，就是应该要做什么事情、每件事情要做到什么程度，这是需要进行培训的。

目标达成预确认：

什么叫目标达成预确认呢？就是由负责这件事的人亲口确认是否可以把这件事情做好，包括什么时候开始做、什么时候把这件事情做完。如果他觉得不行，有可能就要调整，让别人来做。很多时候往往交待这个工作以后没有让他确认什么时间可以完成，结果他就有可能完不成，这就是一个组织性工作计划的基本步骤。

为了做好这个组织性工作计划，我们还要使用一些基本的工具方法，这些基本工具方法就是脑地图、SMC分析、工作清单、甘特图。

脑地图：

它是用来解决当一个计划涉及到人很多的时候最重要的一个方法。使用脑地图的步骤是这样的，首先针对这个计划的方方面面做工作总量分析。举个例子，比方说做一个总裁班课程计划。做这样的一个计划，要准备哪些事情呢？首先做工作总量分析，把这些事情列出来。在这里会有主干会有分支，主干指的是要做的最重要的事情有哪些。而分支指的则是我们要做好这一主干需要做哪些事情。举个例子，做课程会务，首先我们把做课程计划的主干列出来，那么最重要的事情有哪些呢？时间地点人物、会场布置、会场设备、入场流程、分组流程、课程流程、音乐节目、推广流程、服务流程。接下来要进行工作分拆、工作组合、工作分派、工作说明、目标达成预确认等等一系列工作。做到这里的话您会发现一个问题，整个图像看上去像不像是人的大脑？我们的大脑是不是有很多主干分支去记忆这些东西。那您想一个问题，我们的大脑能不能把所有这些事情全部记下来？这是不可能的，但是有了脑地图就比较清晰了。在这里您要注意两个方面，一个方面是必须详细画出全部主干分支；第二个方面是假设做脑地图发现某件事情可能做不好的时候，就要启动成事四要素了。为什么要这样？因为在您的整个计划中，如果有某件事情做不好，就有可能导致您的整个计划不能完成，只有这些事情基本上您觉得是OK的，那整个计划才是没有问题的。

SMC分析：

做完脑地图，把所有主干分支全部画细以后，还要做SMC分析。什么是SMC分析呢？Should就是应该做的事情。什么是应该做的事情呢？做这样的一个计划，很多事情都是应该做的。接着Must是必须做的事情，是不做就会出问题的事情。Could是能够做的、可以做的事情。问您一个问题，应该做的事情不做是不是一定会出问题呢？不一定。但是Must的事情是必须做的事情，您不做就会出问题。所以，在您全部画细主干分支以后，一定要把Must的事情给提取出来，打一个勾，这些事情是最重要的，不做就会出问题，要把它列出来。所以，您做事情的时间安排是这样，先做Must必须做的事情，然后有时间再做Should应该做的事情，最后就是Could能够做的、可以做的事情了，这一点是非常重要的。

工作清单：

做完上面这两个分析以后我们就可以做工作清单了。工作清单有两种，第一种我们称之为事情的清单，也就是针对这个活动有哪些事情，同时填上由谁来负责做，并让他做目标达成预确认。第二种叫物品清单，也就是针对这个活动需要准备哪些物品。

甘特图：

甘特图是用来做整体计划进度控制的（请看下表），称之为叫计划进度控制表。这个表是美国一个叫甘特的管理学家研究的一张表，这张表大概是这样子的（参见下图），这张表里边是这样一个结构，首先会有相关的项目，比方说第一个是方案。有可能会有一个草案的制定，然后接下来是各位讨论，然后会进行定案。第二个可能是这个节目的设定，然后包括明星，包括主持人，然后是节目，然后展台，然后再到什么地方。第三个可能是这样的一个产品设定等等。这时候我们这里就期了，比方说1日，一直这样，1日、2日、3日，会有日期的。那么这里会有负责人，还有备注。大概会这样，比方说草案可能需要三天做完，然后讨论可能需要两天，然后定案大概需要五天左右，看看有什么问题？节目一开始就可能会敲定明星，这两天就会敲定主持人可能是怎样的。然后彩排可能是在活动开始前那几天。在这里如果出现了焦点性的工作，就会在这个地方打一个五角星。如果出现一些里程碑（作为标记的大事）的事情我们会打一个菱形，在这个地方标识这个事情是怎样的。这里边可能是张三负责，这个是李四负责，就会有这样的表。

这张表的作用在哪里呢？想个问题，您负责这样一个活动计划的管理，要管理的事情多不多？您要不要知道每件事情的进度呢，有没有办法知道每一件事情它的进度呢？是不是很难。但是，现在我们列了这张表，每一件事情的进度在这里已经写下来了，那您每一天要检查哪件事情的进度是不是可以很清楚地看出来？

计划进度控制表

序号	内容	日期					负责人	备注
		1	2	3	...	31		
一	方案： 1、草案； 2、讨论； 3、定案。	→	→	→			张**	
二	节目： 1、方案； 2、节目单； 3、讨论； 4、定案； 5、组织分派； 6、上报节目； 7、审核； 8、练习； 9、预演。	→ : :	→ : :	→◆（里程碑）			李**	

（四）计划演绎模式

说到这里，您想一个问题，各位认为整个的组织性计划工作做完了没有？我告诉您，组织性工作计划最重要的步骤还没有做。我们在开始介绍这部分内容时就讲了一个重要概念，就是管理人员对下属的责任，叫作可预见未来的计划，就是预先知道能不能达成结果。那么，该怎样做到这个责任呢？就是计划以决策为中心。什么叫计划以决策为中心呢？作为管理人员，下属把计划给您，各位想想，要不要评估这个计划可不可行，要不要做决定，该怎样做决定呢？我们要预见未来，不能"事后验尸"。

那么，这个时候就要做心灵演绎了。所谓心灵演绎就是在大脑中放电影，把这个事情从头到尾在大脑中全部放映出来，一步步看事情的过程是怎么样的。这时候就要了解目标计划能不能达成、每个人员在这里的工作状况应该是怎样的、焦点性工作能不能完成以及里程碑工作，就是整个计划的标志性工作能不能做到等等这些方面，都要详细地进行放映，如果图像放得非常清晰，这时候您的大脑中会听到一个声音，这个声音是"叮"的一声，就是您的大脑回应给您：哦，这个计划是可行的。如果不可行的话，这时候我们会听到另外一个声音，叫作莫非定律的声音。莫非是美国的一个管理学家，这个定律是这样的，他说事情往往比您想象得要难，然后事情所要花的时间往往比想象中要多，然后您担心要发生的事情就一定会发生，这个我们称之为莫非定律的一个声

音，也就是说，听不到"叮"的声音，就会听到莫非定律的声音。一旦有莫非定律声音的时候。您要做什么事情？马上回到成事四要素里边，重新去做。做完以后，各位注意还要重新做心灵演绎，这个步骤经过多次以后，直到您听到"叮"的声音，这个计划才是可行的。也就是说一个计划可不可行，一定要在大脑中不断地做心灵演绎。在战争时期曾经有一个指挥打仗的人非常厉害，在他的人生中基本上没有打过一场败仗，他是怎样做的呢？他对每个战役都会进行心灵演绎。整个过程已经想得非常精准了，再去打这个仗。再比方说作为一个导演在导一部电影时，当这个演员在这个地方一旦表演得不好，他就马上喊停。不对，这个地方应该这样演，他会把这个图像给讲出来。想个问题，这个导演在导演这部电影时会不会先在他的大脑中想他的电影？其实在他的大脑中已经有那个电影了，也就是说，您的大脑中有什么电影，就代表您能导演出什么电影，是不是这样的概念？

（五）授权的层级

在这里还有个被授权人的层级问题。在经营模式一节曾说过，每个人都是有能级的，我们要把工作交给他做，如果他不具这个能力，就做不出结果来，这就需要我们清楚被授权人是怎样的一个层级。

第一个层级是执行工作：这个员工的能力是执行单项工作的。

第二个层级是执行计划：这个员工的能力可以执行一个完整的计划。

第三个层级是计划草案：这个员工的能力不仅可以执行一个完整的计划，还能做出计划，而且这个计划基本可行，但是还差一点点。

第四个层级是决定计划：这个员工的能力做计划做得很好，同时他还能判断这个计划可不可行。

第五个层级是决定目标：就是能够决定要做什么事情，各位认为是定目标容易还是做计划容易？定好的目标是在一个不确定的范围里面寻找一个确定您要做的事情，变化很复杂，所以定目标其实比做计划要难得多。

第六个层级是制定原则：原则是一些方向性的问题，方向比目标还要大，这是被授权人的六个层级。

我们发现很多员工往往都只是拥有执行单项工作和一组工作的能力，而我们是需要更高的授权层级的。如果他能够接受更高的授权，就代表我们可以把更多的重要事情交给他做，这样工作效率就会更高，您就会更轻松，那么，该怎样做呢？最好的方法是教他做计划草案。当您的下属做计划的时候，同时您也做一个计划草案，他的计划里面哪点是好的、哪点还不够，再把您的方案融入到他的计划里面，这个时候他觉得您正在指导他的计划，他会做得更好、更完善，我们称之为指导计划。随着时间的推移他做计划的能力就会提高，当他做了几次计划每次都可行了，您就告诉他以后做计划草案不用请示了，自己决定就行了，你要的是结果，这样您的授权就在目标里了。

（六）计划控制模式

决定完计划以后，下属就去执行，这时还要做计划的控制，那么该怎样做呢？接下来，我们就介绍一下计划控制模式。首先研究一下什么叫控制？控制是决策权的管理及运用。您认为，您的员工每天做什么工作是谁决定的，是他自己决定的还是您决定的？事实上，大多数企业员工今天做什么工作都由他自己决定，请问，这时候员工所做的工作我们控制了没有呢？一个良好的控制体系是让员工今天做什么工作不是由他自己决定的，而是由他的上司决定的，这种管理方式我们称之为控制的方式。那么，这个控制您能不能天天都去控制？不能。天天都去控制，员工会烦，管理者的工作强度也会增加，那么要怎样控制呢？我们要有计划地进行控制，就是提前做计划控制的方式。

为了说明这个问题，接下来我们研究两种管理方式。一种是事管人与人管事，另一种是即时控制与计划控制。首先来讲解第一种管理方式，事管人与人管事。早晨上班本来想今天是没有什么事的，可是一到公司就发现有很多人、很多事情找您，您就开始忙起来，直到中午12点您还没忙完，您有没有遇到过这种情况？这时候究竟是事情管理您，还是您去管理事？是事情管理您。人管事的概念是这样的，未来的一周有什么事情会发生、他们什么时候该找我、他们应该做什么事情，我已经提前安排好了。所以，我们要从事管人变成人管事，这才是一个正确的管理方式。另一种管理方式是即时控制与计划控制，什么叫即时控制

下篇　管理模式

呢？有事情随时找我，这是即时控制。计划控制是我们先开个会，看看未来一周会有什么事情，您预先把这个事情报告给我，我已经预先做了决定。您认为是即时控制好还是计划控制好？我们经常会发现当员工一旦有问题的时候，要找他的老板，老板可能去忙别的事情了，这时可能就会产生问题，所以我们要预先做好计划控制。

这方面清楚以后，我就来介绍一下计划控制模式。首先要弄清楚一个问题，在企业里边是不是只有一个计划在运作？不是，通常是有多个计划同时在运作。那么，针对多个计划我们该怎样控制呢？我们就要运用多计划控制模式，称为会议控制模式。会议控制模式是一个多计划的控制系统，主要是解决两个以上计划性工作。在我们的工作里面分成两个类型，一个是计划性工作，一个是非计划性工作。非计划性工作包括专项性的工作和个人独立性的工作，计划性的工作是指很多人在一起工作，每个人下一步做什么事情，我们要在这里提前安排好相关的计划，通常我们用总经理办公会议作为一个标准的模式来做这样的控制。

总经理办公会议是怎样一个模式呢？每个月总经理和每个部门的经理开一次会，时间大概是1至2天，会上决定我们下个月要达成怎样的一个结果。开完会以后，您一个月以内就不用再来这家公司了，这样就意味着您每月只花一两天的时间就可以管好这家公司。您觉得这样的管理模式好不好？

下篇 管理模式

总经理办公会议流程：

（1）分工：首先会有分工，分工分成主席、监控人、秘书。主席是负责决策的，监控人是负责安排发言顺序的，秘书负责记录。如果是规模较小的公司，这三项工作就可以由老板一个人全部完成。

（2）会议流程：首先是开场白，比如：跟各位讲一下我们下个月要完成怎样的业绩，接下来讲一下会议的内容，今天我们会讨论哪几个重要事项，接下来会有一些需要事先讨论或者公布的事项告诉各位。接下来，每个部门经理轮流作报告，报告他们部门的情况。上个月已经开过一次会，他们都定了一些计划。每个部门的经理都要报告上个月的计划完成情况以及未完成的原因。完成是怎样完成的，没有完成是什么原因导致的。这里边各位记住一句话，要允许做不出结果，但不允许讲不清楚原因。然后还有异常处理，就是计划外的事情是怎样解决的。比方说市长要求参观，我们是怎么安排的；大顾客突然出现，这个生意是怎样定的。还有关键数据的分析，每个部门经过一个月的运营都会产生一些关键数据，拿出来分析它的一个合理性是怎样的。比如销售部门就有这个月销售额是多少、开发了多少新顾客、有多少人成交、有多少顾客满意、做了多少广告等等一些数据；生产部就有这个月生产了多少产品、合格率是多少、库存是怎样的等等数据；人力资源部就会有这个月招聘多少人、培训多少次、合格人数是多少、培训后创造的营业额是多少、员工异动的情况是怎样的等等数据。接下来这个部门经理还要报告现行关策略、模式以及制度的运行情况。我们的很多策略、模式、制度，经过一个月的运行，有没有可能随着情况的不断变化已经不适应了，这时候会有定期的信息在这里报告给您。然后接下来是讨论，每个部门经理都应拿出需要讨论的问题以及针对这个问题的方案和建议是怎样的。接下来会报告下个月的目标、计划以及重点，同时需要其他部门配合的也一并报告。如果要求其他部门配合，就需要其他部门当时给以回复，因为开完会以后可能就没有时间回复了，这时就应由主席拍板。所以各位会看到，这样的一个计划控制会议其实就是老板的拍板会议，所有的部门经理把计划草案报给老板，老板有了草案以后在会上做决定。

每个部门经理都轮流报告完了以后，还会公布一些事项、传达一些精神。最后由秘书再次公布确认的重要决议，在这里可能会做一些主题的培训，这就是我们会议控制模式的流程。

（3）会议运作：通常在这个会议之前有一个会前会，会前会是解决什么问题的？比较棘手的问题，也就是在会议之前需要提前解决的问题。通常我们会召集一两个最重要的人，把会议的重点事项预先进行沟通，因为预先沟通了以后各位就会有一些共识，有共识以后再开会就会比较方便了，这是会前会。接下来会有会后会，会后会又称之为"执行会议"。就是开完会以后，各部门经理就到他自己的部门开会，把刚才开会的内容变成下属的工作计划。各位注意，并不是变成他本人的工作计划，如果您安排的工作计划他没有下放到他的下属工作计划里边，请问这个工作计划落实了没有？所以每次开完会以后，一定要有会后会来落实才行。接下来还有秘书的功能，秘书的功能是什么呢？通常她是负责追踪前、中、后段，您开完会已经离开公司了，您的秘书就会追踪这些计划的执行情况，前段是工作开始做了没有，中段是里程碑跟焦点性工作完成了没有，后段是工作结束了没有。在这里我要强调一点，后段追踪不要等到最后的时间，应该在最后的时间之前，提前三五天，这样的话，如果后段工作还没有完成，他还有时间继续把这个工作完成。

接下来还有主席的工作，就是跟进专题会议及重要的里程碑工作检查，比方说上次开完会以后决定美国市场开发的会议我们在什么时候开发，就会举行开发会议了。同时还有重要的里程碑工作，这是主席的工作。在这里强调一下会议纪要的重要性，有两个方面，一个方面是当有一些人没有参加这个会议，要了解会议的相关情况，他就可以看这个会议纪要。第二个方面，在需要确认的时候，比如说某项决定是在什么时间决定的，会议纪要就可以提供依据，所以我们重要的决议必须要记下来。

接下来还有会议决议事项追踪表，请看下表。这张表是秘书的工作表，在开会的时候，决定了某个事项她马上填上，写上负责人以及完成时间，所有的决定事项都填上去就形成了这张表，当您开完会以后她会追踪这些事项。

会议决议事项追踪表

序号	决议内容	负责人	完成时间	备注

接下来会有内部传达单（请看下表），它的结构是这样的"致：传达给谁"，然后是"由：哪个部门发出来"，然后是"主题""日期""抄报""经由"。还有机密是几个等级的。比方说，我们做一份奖金池计划实施的内部传达单就会这样写：致，是给予所有管理级的员工，然后由人力资源部发出来，主题是奖金池计划，日期是几月几日，抄报是财务部、人力资源部以及董事会，然后总经理、董事长等等，最后经由董事长批准。机密有可能是董事会的，是一级，内容可能会这样，奖金池计划从9月1日开始实施，在公司工作满3年的主管级以上的可以参加奖金池计划。是不是可以把很多内容都写到这个里边，最后由谁看过，这个地方就要有回复，要把名字签上。内部传达单的作用是这样的，当我们开完会以后，有没有可能有一些内容需要很多人知道的，有没有这种情况？有。这个时候能不能通过口头来传达？不可以。这时候通常会写成内部的传达单，让每个需要看到的人都看得到。

内部传达单

To（致）：
FROM（由）：
SUBJECT（主题）：
DATA（日期）：
Cc（抄报）：
VIA（经由）：
机密：□一级　□二级　□三级

内容：
1.
2.
3.
4.
回复

最后是会议的计划表，请看下表。这张表会把整个月份您公司所有部门的会议全部列上去，那么作为老板来说，如果您觉得某个会议需要您参加，您就可以去参加这个会议了，实际上这就是您公司的会议计划汇总表。

会议计划表

第一周							
	周一	周二	周三	周四	周五	周六	周日
上午							
下午							
晚上							
第二周							
第三周							
第四周							

（七）会议控制系统

会议控制系统其实是整家公司的整体会议系统，首先是季度战略会议，每三个月举行一次，形成您公司的季度战略发展计划。然后再接下来会有月份的计划会议，就是总经理办公会议。然后是周的计划会议，就是部门经理会议。部门经理就会跟每一个主管开会，订立下一周的工作计划。接下来会有日计划会议，就是每日例行工作报告控制会议。这个我解释一下，每天大概在下午的4点到4点半，每个员工大概会有5到10分钟的时间向他的主管报告：今天目标完成情况怎么样、明天的工作计划如何安排。为什么安排在下午的4点到4点半呢？如果员工今天的工作还没有完成，还有一个多小时的时间可以继续完成，然后还有一些是专题会议、战略计划会议。您有没有发现一个问题，每个员工每天的工作计划其实是由他的主管决定的，然后每一个主管他的这个小部门的一周工作计划是由他的部门经理决定的。然后每个部门的月工作计划是由主席决定的，主席再订立季度战略发展计划。这样就形成了一个概念，无论您公司的规模有多大，哪怕是有一万个员工，通过这个体系您都可以控制每个员工每天的工作计划。也就是说，我们是通过这样一个会议控制系统来控制所有人的工作计划。

整体的会议控制系统非常重要，这个系统我们不但要做，而且要做成习惯。那么该怎样做？下面我来介绍一下会议控制系统导入步骤，分为四步。

下篇 管理模式

第一步,做计划培训。就是成事四要素的培训,大概要经过一个月左右时间,基本上每周他们都会做计划、做练习,练一个月左右他们就有感觉了。

第二步,开周工作计划会。可不可以直接开月工作计划会?不可以,您的管理人员对做月工作计划的能力是不够的,所以这个时候首先要开周工作计划会议,大概要开八周左右。这个过程是这样的,第一次开会称之为"又长又臭",甚至会开两三天都有可能,您会发现一大堆乱事情,以前的事情都在这地方开始浮出来了,您就要处理这些事情,每件事情都觉得很烦,每件事情都觉得要讨论很多问题。这个时候您必须要认认真真全部开完。到第三周、第四周的时候,您就会发现,就不用那么久时间了,可能是半天或者是一天的时间就可以开一次会。您就已经基本上可以解决一周的事情了,这时您就有一点轻松的感觉了。基本上到了第七周、第八周才会开始形成一个习惯,这时您就会发现一个现象,如果不开会您的下属就会觉得有问题。

第三步,开始变成两周开一次,周工作计划会,这个时间大概要持续两个月左右。如果没有形成习惯,做得不好可能要持续三个月左右。

第四步,就是开月工作计划会议,也就是总经理办公会议。现在您想个问题,整个会议控制系统导入要多长时间?大概要半年左右时间,但不要认为时间长,当您把这个系统导入以后就会发现,您公司的工作效率在不断提高,您也会越来越轻松。对于您的公司而言,这是一个革

下篇　管理模式

命性的变化！

PRACTICE

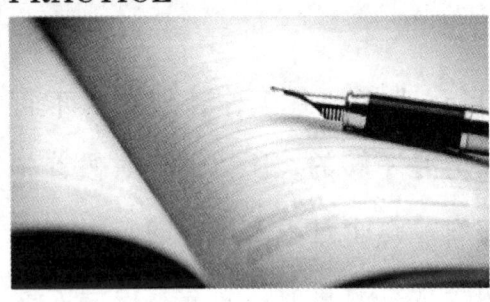

练习：以您的企业为例

1. 利用成事四要素及工具做出您将要完成的一件事的计划；
2. 试着做出您企业的计划控制模式；
3. 试着做出会议控制系统导入计划。

06

下篇 管理模式

六、组织表现

（一）何为企业文化

这部分内容介绍的是企业文化的建立问题。很多人可能对企业文化有一些了解，可能认为经营理念、经营原则、企业道德、相关制度、工作手册或者定出企业愿景、使命就是企业文化了，其实企业文化有很多内涵。如果不了解企业文化内涵，就建立不了真正的企业文化。首先我们研究一下什么叫企业文化。所谓的企业文化就是一种思维模式和行为模式，如果这家公司有统一的思维模式和行为模式，就代表这家公司有统一文化了。有统一文化的时候他们才会有同样的想法，做事情才会用同样的方式和行为去做。所以，这个时候非常重要的一点是建立良好的思维模式和行为模式，这些模式对一家公司来说是一致的，我们也称之为是一家公司的灵魂。接下来，这种思想决定了我们的行为，这种行为让我们要形成习惯，习惯是什么？就是这些人长期用这种方法和行为去做事情，如果他们没有形成习惯就证明没办法建立这样的企业文化。接下来要建立企业文化，先要建立公司的共同理念，共同理念是思维模式的核心，它要解决五个方面问题，这五个问题是：我们是谁？我们从哪里来？我们要到哪里去？我们为什么要到那里去？我们去那里的过程中要遵守的原则是什么？接下来就分别研究一下这五个问题。

1.我们是谁

我们要做商业帝国的国王，这是企业家创办企业的终极奋斗目标。那我们就要研究，我们做什么行业、现在做到的是什么规模，并判断出能力差距，然后下一步我们将怎样成长，这是我们要研究的问题。

2.我们从哪里来

我们是由哪里来的，能否成为商业帝国国王？刘备说他之所以做皇帝，是因为他是皇家贵族后裔。我们之所以能成为商业帝国的国王，是因为我们所提供的产品或服务做到了艺术品的级别，艺术品的概念就是价值！有价值人们就都喜欢，您就能成为商业帝国的国王。

3.我们要到哪里去

称之为愿景，是我们这个组织所共同期望的结果。

4.我们为什么要到那里去

这个称之为使命，是企业存在的价值和意义。做企业就是要做出一些价值来，做出价值以后我们就能赚到钱，而且钱是自动而来的。您赚到的钱越多，代表着您对这个社会所创造的价值就越大。

5.我们要遵守的原则是什么

原则是看待问题、处理问题的准则。当我们产生矛盾、思想不一致的时候，我们该如何拥有一个共同的思维方向，这是我们要遵循的原则。这几个方面合在一起就形成了企业文化。企业文化就必须要有灵魂，必须符合规律、符合天道，这样的企业文化才有生命力。要想有生命力就必须让行为形成习惯，要让行为形成习惯就必须有共同的理念。

（二）共识性训练

研究一下共同理念的产生。在这里，我讲解一个具体的方法，这个方法叫作共识性训练。什么叫共识性训练呢？就是如何让一个群体产生一个共识，您的愿景中有我、我的愿景中有您，这是我们要达到的目的。那么，该怎样做呢？

第一步，一起来做梦。称之为做白日梦，您有没有见过有一群人在一起，睁大眼睛来做梦，有没有见过这种人？一会儿您不但可以见到，还会体验到。首先是3—5年的集体梦想，要求每一个人想出三个梦想，未来3-5年我要把公司做成什么样子？这个时候，要不要要求他的梦想是可行的？不要求。但是，每个人必须在这里把所有的梦想都讲出来。当我们一起做这个梦的时候，才能真正做到共有梦想的概念。

第二步，要投票、研究我们必须达到的三个梦想是什么？也就是说，所有的人一起投票，决定哪三个梦想是我们一定要达到的。

第三步，分组讨论相关的计划。要怎样达到这三个梦想、具体步骤该怎样做，做这个集体梦想要分成三个步骤。假设有10个人做这个梦想，第一是天马行空，不要管它能不能达到，但是所有人都要把梦想讲出来。讲完以后，每人三个梦想加在一起总共有30个梦想。接下来在这30个梦想里决定哪三个梦想是一定要达到的，然后分组讨论相关的计划。想想，通过这样的过程，各位认为这个梦想是老板做出来的，还是我们一起参与讨论出来的？是我们一起参与讨论出来的。我发现，老板经常会把自己的梦想要强加给他的员工，这种方式并不是一个好的方式，这个梦想也是没有动力的。只有我们一起参与讨论出来的梦想才是

下篇　管理模式

好的梦想，才是有动力、有生命力的梦想。

第四步，个人梦想。当做完集体梦想以后，接下来还要做第二轮的梦想，就是个人的梦想，也称之为平均梦想。公司未来3—5年要做成这个样子，那我们在未来3-5年要成为什么样子？是这样的梦想。当然，有了个人梦想并不是说就不管集体梦想了，我觉得我自己该怎么样就怎么样，这是个人主义者，这种人其实已经并不适合在您的公司了。个人梦想要是建立在实现集体梦想的基础之上，这才叫个人梦想。做个人梦想的过程与我们做集体梦想的过程是一样的，也是每人都写三个梦想，然后再进行投票，决定出三个我们一定要达到的梦想，最后再分组讨论相关的计划。毛泽东同志有两句话，第一是打土豪，第二是分田地。打土豪就是集体梦想，分田地就是个人梦想。这个概念是这样，我们一起把土豪打下来，然后每个人才能分到田。这样的梦想容不容易在所有人心目中形成共识？很容易形成。再比如，各位现在上网都离不开百度搜索，百度公司创建于2000年，当时百度公司所定的集体梦想就是公司要上市，个人梦想是跟着李彦宏干的人要成为百万富翁。结果百度公司于2005年8月5日在美国纳斯达克上市，造就了8个亿万富翁、51个千万富翁、200多个百万富翁，连一个前台接待的员工都是百万富翁，所有的梦想都实现了，为什么发展得这么快，这就是共识梦想的力量！

第五步，成功典范。前面我们做了两个梦想，一个是集体梦想，一个是个人梦想。接下来我们就要提升做的动力了，这个动力来源于成功典范。什么叫成功典范呢？通常对一个企业来说建立了共同理念，那代不代表这个理念就是正确的呢？不代表，要证明是正确的就必须有一个人真正做到这个结果，称之为成功的典范。比如说我们进行改革开放、建设有中国特色的社会主义市场经济，这个理念是不是正确的呢？那么深圳先做起来以后都觉得这个理念是正确的，所以我国改革开放的速度就明显加快了。因为您有了这个成功典范，那么您就觉得这种理念是确确实实存在的，这样才有动力去做这件事。

第六步，每个人都必须做到的三项要求。要实现集体梦想，每个人要实现个人梦想，那么要达到这个结果，对我们大家的共同行为标准要不要有要求呢？同样，要求每个人写出三项您要做到的要求出来，然后再投票决定出我们共同的、都要做到的三项要求是什么。我经常发现老板要求员工要怎样怎样做，而员工并不愿意做，但现在这是我们共同的梦想，是经过一起讨论决定我们该怎样做，那么您想想要不要去遵守、愿不愿意去执行？

第七步，实现梦想的两个基础。有了梦想，我们就要去实现，而要实现梦想还必须有两个基础，第一个是战略，第二个是良好的分配体制。

战略：确定完梦想以后，接下来要讨论研究相关的计划，可能规划分几步去做，这个规划就是战略，要求这个战略必须是可行的，否则所有人在一起讨论，觉得不可行还要去做自然而然就没有动力了。

良好的分配体制：良好的分配体制指的是分配原则，一起去实现我们的梦想，必须要按照每个人的贡献制定出相应的等级，依据这个等级来进行收入的分配，这样我们工作起来才有干劲、才有动力。以上就是我们共识性训练的过程。

（三）企业文化建立的技巧

刚才研究了共识性训练，共识性训练会让我们产生集体梦想、个人梦想，但这仅仅是做了企业文化的一些最基础的东西，并没有把企业文化深入下去。那么，怎样才能形成一个完整的企业文化体系呢？接下来我们将研究企业文化建立的技巧。

1.思想教育体系

在做共识性训练时发现每个人都有很多梦想。原来，人与人之间其实差异太大了，但是必须要有一些共识的东西，这样我们这个群体才会被认为是一个整体。否则各位有很多不一致的思想的时候，在一家公司就经常会产生矛盾，有矛盾就会产生问题，那么怎样解决呢？这就需要建立企业的思想教育体系了。想想，要建立这个思想教育体系真是太难了，现在我教各位一个方法，这个方法很简单，就是拿来主义。拿来主义的概念是拿现在已经存在的一些思想教育体系运用，可以拿什么呢？比如诸子百家以及佛家，还有一些教会的东西，这些都是已经存在的思想教育的体系。想想，儒家有没有教我们如何为人处世？教我们要爱、要善、要感恩、要付出，这些基本的思想构成了我们企业的思想教育体系。问您一个问题，以前古代的皇帝教育子民，他自己做不做这个思想教育体系？注意，他不做，他是把儒家的思想拿过来用。那么，是您厉害还是那些皇帝厉害？其实，建立思想教育体系是很难很难的一件事情，即使您建立得再好，拿过来以后发现您跟儒家相比还差得很远，跟佛家比也差得很远，是不是这样的概念？所以最简单的方法就是直接拿来。在儒家、佛家等等这个中国五千年文化的思想教育体系里边，我们最好、最应该遵循的思想是什么？把它拿来，形成我们的思想教育体系，这就是最好的方法。

2.核心人员的精神提炼升华

当建立起思想教育体系后会发现，如果一家公司连思想教育体系都不是自己做出来的话，那么其能量是不够充分的。要想把员工凝聚起来还得有一种精神的东西存在。那么具体该怎样做呢？我建议各位研究一下您的核心成员的精神，这个精神是什么？因为有这种精神，所以他做得非常好，他背后有一股力量去支持他成功。我们要研究、提炼这种精神。举个例子，我在给一家公司做顾问的时候发现，这家公司的老板从小就得了小儿麻痹症，他觉得这个社会是灰色的而不是彩色的。终于有一天他认识到，只有今天的彩色，没有昨天的灰色。所以，他就决定要充满阳光地面对每一个人，面对自己的人生。然后，他就很努力地学习、工作，后来建立了自己的企业，娶了一个非常漂亮的老婆，还有一个可爱的孩子，同时又买了别墅。这时他就变成身边朋友的偶像了。那么您想想,如果您是他的员工,在听到这个故事的时候心里面有什么感觉?是不是比较崇拜他了,觉得他是一个偶像。这种精神再加上我们刚才所说的思想教育体系,是不是合在一起就可以形成一个整体的思想教育体系了?这样就可以建立基本的企业文化了。

3.展开企业运动

在建立起企业文化以后,接下来就要具体推行了。推行的时候最重要的方法叫作展开企业运动。什么叫展开企业运动?就是一种持续的理念和行动,持续指的是3到6个月时间。这个运动通常我们是这样做的,每一周每一个小组都要开会,大概用半个小时左右时间讨论每一个人参与运动的状况。这时,有人可能会讲出这周我做了什么事情参与运动,也有人可能会分享他在这个过程中的心得是什么。通常发动运动的时候首先我们必须要有火种。火种就是您的思想,比方说提升工作效率。有了火种,接下来您就要寻找火苗了,而火苗是什么呢?在您的员工里面肯定有一两个人是易感人群,就是最容易受到您感染的人,那这个人就是一个火苗,把他找出来,接下来就可以把它点燃了,怎样点燃?您就跟他谈,提升工作效率运动如果整家公司做那就太好了,而且我们个人也会在这个活动中获得怎样的收益,这个时候他就开始去做了,接下来慢慢就会烧旺,烧旺是很重要的,也就是说必须要支持他做出一些成果出来。他有什么成果、有什么变化,有什么可以作为标杆和成功的典范的,这样才可以。只有烧得很旺的时候才可以进行下一步,即燎原的工

作。那这个时候就要让所要有人都来认真学习了，让所有人都进入到这个运动的状态里，这样就实现了通过运动达到改变的目的。

4.震撼教育

另外，还要进行震撼教育。震撼教育是针对员工有死脑筋的情况，对某一件事情的看法太顽固的人，要改变这个现状，就要用一些事情去冲击他、震撼他，如果没有震撼的力量就不能使他改变。在中国企业界里最著名的震撼教育就是海尔的张瑞敏砸冰箱的故事，您肯定听说过。那么，您的企业该怎样做震撼教育？建议您这样做，每一年策划一次震撼教育，把您企业里不好的产品拿出来，然后一把火把它烧掉，震撼一下您的员工。或者在某个时间段里，因为某一件事严厉处罚某个人，震撼一下其他员工。这个严厉的程度都是要有冲击力的，如果您所做的方案没有这个冲击力，代表这个员工的思维是调整不过来的，以上是建立企业文化的一些基本技巧。

（四）公司氛围

通过共识性训练，公司文化便产生了。接下来，还要把公司文化再扩展成公司的氛围。公司的氛围是很重要的，一个企业如果文化讲得头头是道，但整个公司的氛围建立不起来，那么也会导致员工不喜欢在这里工作，所以要建立一个良好的公司氛围，这个良好的公司氛围包括四个部分，即娱乐公司、家庭、学校、军队。

下篇 管理模式

1.娱乐公司

我们管理人员最重要的管理职责就是愉悦所有人,让所有人在快乐的状况下进行工作,这是最佳的工作状态。那该怎样娱乐呢?最简单的方式就是唱歌跳舞,如果您学习业绩倍增系统,在我的课程里面可不可以每天都唱歌跳舞,放松一下我们的状态呢?可以的。这样各位的心情就会好一些。一旦跳过舞后,各位就会很快走出自己心中的不良阴影。而针对员工可以分成月、季、年的娱乐方式。首先是每个月,可以评选出一个业绩冠军小组。如果这个小组达成了目标,就会奖励一些奖金给这个小组,让他们去吃饭或者去KTV。各位注意千万不要发钱,一定要让他们一起做集体活动。各位有没有发现,在一起工作得比较不错的,往往也是在一起玩得比较开心的,因为他们在一起玩的时候,就会消除很多工作上的问题。接下来是季度,如果一个季度达成了整个公司的目标,通常就可以安排做一些旅游了,这个旅游可以是短途也可以是长途,根据完成的目标给公司带来的效益来定。最后是年度,如果这一年度达到了公司的总体目标,那就要做一件事情——大肆庆祝,可以开年会,这个年会必须表彰到为公司完成目标做出贡献的所有人,然后开一个庆祝晚会,让各位有一个开心娱乐的时间,这就是娱乐公司的感觉了。通过这月、季、年,您会发现整个公司一达成目标他们就会娱乐,所以在他们的概念里达成目标跟娱乐是联系在一起的,达成目标就是开心的、娱乐的感觉,那他们愿不愿意、要不要达成目标?工作的动力自然而然就产生了。

2. 家庭

家庭非常重要的一点就是要让所有的人都有疗伤的地方，是个港湾。我发现有些公司不是港湾，而是战场。要建立一个港湾，这个港湾通常会做到能够让负面情绪加以释放。在这里各位要注意一点，每个上司每个月针对他的每个直接下属，一定要有一次一对一的沟通。单对单的沟通目的是让他把内心中的话讲出来，消除他的负面情绪。在谈话结束的时候，一定要用笑容来结束，这就是我前面讲到的谈心的概念，这是非常重要的。如果没有这个谈心，您会发现公司里面会有很多负面情绪。所以，您一定要对这个负面情绪进行"杀毒"，如果您不"杀毒"的话，负面情绪就会扩散下去。

3. 学校

学校的感觉很简单，就是要建立企业的培训系统，如果他们在一起学习，共同成长就会形成共同的理念。一般建议您这样做，第一点，每个月每个小组必须要举办一次培训，这个培训可能是短期的，也就半天到一天。然后是第二点，每个季度都要有一次集中培训，这次集中培训至少要两到三天。接下来第三点就是每一个管理人员要会讲一门课，这样就形成一所学校的感觉了。我们在经营模式一章中讲到建立学习型组织就是这个道理。

下篇 管理模式

4.军队

军队其实最重要的是要听从指令。提起军队，各位都知道立正、稍息。为什么要做这种练习呢，就是当一个战略指令下来的时候，能够按照指令的要求去做，所有人都养成听从指令的习惯。这个听从指令的习惯是通过军训来进行练习的，对于一般的企业就是要做标准团队动作规范。什么叫标准团队动作规范呢？就是我们企业大概会设计10-15项标准动作，要求所有员工都必须用统一的标准动作来做，以此养成听从指令的习惯！

PRACTICE

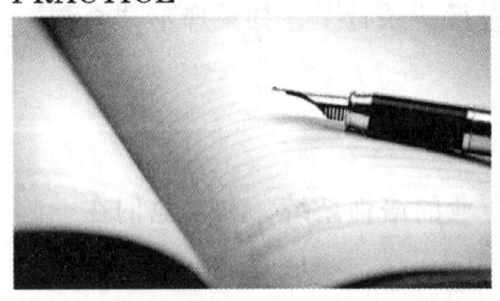

练习：以您的企业为例

1.利用成事四要素及工具做出您将要完成的一件事的计划；

2.试着做出您企业的计划控制模式；

3.试着做出会议控制系统导入计划。

07

下篇 管理模式

七、目标管理

（一）实现目标途径

首先来探讨个问题，什么叫成功？曾经有个老板问我，为什么他的企业总是做不大，不知道问题出在了哪里。后来我就给他做了一些分析，问了他一些问题，最终得出了结论。我告诉他，您的公司为什么做不大，其中一个最重要的原因是由于您从来没有设定一个做大的目标。您从来没有设定这个目标。就不会有实现这个目标的策略以及行动计划。美国管理协会曾经做过一个研究，说一家企业里面的员工每天无效的工作占总工作量的48%。那么48%这个无效的工作是什么原因造成的，不是他不做事，也不是他偷懒，而是做了一些无用功。同时，这个无用功会不会造成公司资源的损失？一定会的。那怎样让员工的无用功变成成果？最好的方式就是让他有一个明确的目标，告诉他您要做什么。注意，一家企业在专业户阶段是老板亲自指挥每个员工做事情，这个指挥工作其实就是一个目标导向。慢慢地企业强大了之后，变成了200人、300人甚至是1000人后，如果您没有用目标来对员工进行管理的话，会发现整个公司的努力方向是混乱的。所以，什么叫成功？成功就是设定目标、达成目标。那么该怎样设定目标、怎样达成目标、怎样百分百地达成目标，甚至是超过百分百地达成目标？这是这部分内容要解决的问题，首先来看实现目标的途径。

实现目标的途径分为四步，一是目标，二是策略，三是计划，四是预算。我分别来介绍一下。

下篇　管理模式

1. 目标

首先我们要设定一个明确而合理的目标，目标不明确就找不到方向、目标不合理就达不成目标。通常设定目标要有两个标准，第一，必须是可测量的，可测量的意思就是可以评估的，比方说要把服务做好一点，请问这个可不可以评估？不可以，很难评估。如果说做到五星级的标准，这时候可不可以评估？可以和五星级酒店对比一下。第二，跳高原则。什么叫跳高原则？就是不是触手可及的，必须要努力才能达到。

2. 策略

有了目标就要思考如何达成目标，策略是实现目标的方案组合。比如说现在的产品合格率只有96%，我们希望把96%的产品合格率提升到98%。那您想，我们会有什么方法，我们要做什么？设备改造，要做工艺优化，培训员工提升品质意识，要在每一个工序之间进行复检。

3. 计划

所有的策略都要变成行动计划，那么做一个可实现策略、可达成目标的计划就非常重要了（具体方法是成事四要素）。

4. 预算

要实施这个计划需不需要一些资源做支持？比如说您让销售部完成怎样的一个销售目标，那要不要打广告、要不要促销、要不要招人员，这些人力、财力、物力等等都是资源。那针对这些资源我们要做什么？做出具体的预算来。就是我们要投入多少人力、财力、物力，最终才能

达成目标。

（二）**实现目标原则**

我们知道怎样实现目标了，接下来就要研究实现目标应遵循的原则是什么？我发现很多企业在管理上有一个很大的误区，是什么误区呢？他们平时的管理更多的是问题导向，什么叫问题导向呢？哪里有问题就解决哪里，老板每天上班就是仲裁解决问题。

您玩过这样一个游戏吗？一只小老鼠冒出来就拿个锤子打打打，注意，这个游戏其实会让人变得非常紧张。想一想，如果你们公司是问题导向的话，问题导向最大的问题是不知道这个问题会在什么时候、什么地方冒出来，或者说是冒出一个什么样的问题，这些都不可预见。所以说，老板也好，管理人员也好，员工也好，会高度紧张，很痛苦。那么怎么办？告诉您，有一个更好的管理方法，那就是目标导向。目标导向与问题导向最大的区别在哪里？管理大师德鲁克说："如果一个重要领域里面没有目标，这个领域的工作必然会被忽视。"

比如说，您在员工满意度这方面没有目标，那您的公司就充满了负面情绪。您对客户满意度这方面没有目标，那您公司的服务品质自然而然会低下。您对产品创新没有目标，那您公司的产品更新速度就会很慢。您对库存周转这方面没有目标，那您公司的库存量就会越来越大。我发现很多企业实施的是计件工资制，您生产多少件，我就按照单价给您一乘，这就是您的工资了。但是，我发现他们忽略了成本和品质的控制，所以损耗就大，合格率就低。所以各位要清楚，一个企业的管理必须是以目标为导向的管理，这也是我们实现目标的原则。实现目标的第二个原则叫作合理设定目标。如果目标设定得不合理，首先目标肯定完不成，其次没法做绩效考核。所以，设定合理的目标是非常重要的。那么，该怎样设定合理的目标呢？在这里有三个层次。

第一个层次，双方认同。什么意思？您在工作前，您接受了200万元的目标，他接受了100万元的目标，上下级之间是双方认同的，甚至说我们很正式地签了一份绩效合同，或者是目标责任状。这个时候代表您已接受了这个目标，而最后完不成的话就要接受完不成的惩罚。当然，完成了也要接受完成的奖励。就像我们平常签合同一样，这个合同您同意了，您签了，就代表这个合同是合理的。

第二层次，如果定这个目标是很多人参与的，那就要采取少数服从多数的原则，这个很重要。为什么呢？因为我们做不到100%接受，比如做房地产开发最大的问题就是拆迁时解决钉子户的问题。90%的住户都同意了，就这么几户不同意，所以暴力拆迁事件才会频繁发生。

第三个层次，先民主后集中。先民主是什么意思呢，我征求您的意见，我们讨论一下。通过民主的思考、民主的讨论，您认为能完成多少目标，但到最后的时候目标是多少由谁说了算？肯定是老板说了算。所谓的集中，就是拍板、决策的意思。

08

下篇 管理模式

八、绩效管理

（一）何为绩效管理

在目标清楚之后，接下来就要研究绩效管理了。同样先来探讨一个问题，什么叫绩效考核？很多老板对绩效考核有一个重大误解，总认为绩效考核就是看谁好谁差。其实，绩效考核绝对不是人比人。而且如果一旦绩效考核是人比人的话，就变成这个企业以人的关系为导向了，员工为了得到高分就要溜须拍马，这样我们的管理就会变得更加复杂。

既然绩效考核不是人比人，那是什么呢？是自己比自己。自己跟自己比什么？拿工作后的结果跟我在工作前约定的目标进行比较，这就是绩效考核。

这样一来，这个考核才有意义。我跟我的目标比，看看有没有完成。接下来我的目标跟同事的目标全部加起来才构成部门的目标，每个部门的目标全部加起来才构成企业的目标，绩效考核的最终目的是为了实现公司的目标。

举个例子，假设一家公司有两个业务员，一个在北京的总公司，另外一个在沈阳的分公司。北京的业务员今年完成了110万元的业绩，沈阳的业务员今年完成了180万元的业绩。请问您，哪个业务员的绩效好？绩效考核不是人比人，这个180万元跟这个110万元是不能比。那么要比怎么比，我们按照刚才那个概念，这个概念是拿工作后的结果跟我在工作前约定的目标进行比较。看沈阳的业务员完成180万元，北京的业务员完成110万元，这个叫结果。但是当初工作前的目标是怎样定的，沈阳的业务员如果定的目标是200万元，北京的业务员如果定的目标是100万元。那我问您，这个时候谁的绩效好是不是可以比了。180万元与200万元比，就是结果跟目标比，最后得出它的一个完成率是90%。110万元跟100万元比，完成率是110%，最后大家的得分很显然，110%的要高过90%的，也就是说北京的业务员要做得更优秀。所以各位千万要清楚，绩效考核是什么？是目标与结果之间的比较。

（二）绩效考核原则

绩效考核我们理解了，接下来就要研究考核原则问题了。绩效考核原则有两个，一个要量化。我们先来看一下这个考核表（请看下表）。这就是全世界非常流行，很多企业都应用的一张绩效考核表，这个考核表是每岗一表，每个岗位都有一张表，这个表的形式是一样的，唯一的区别是指标内容不一样。它包括什么内容呢？一个是指标名称、权重、目标值、评分标准、实际绩效，最后是考核分、折算分。问您一个问题，这个考核分数是算出来的，还是打出来的？注意，是算出来的。看到里面有评分标准，根据他的一个实际绩效跟目标相比较，最后就可以算出得分了，这个得分谁算都一样。最后再根据这个得分数，跟他的奖金挂钩，算出他的绩效奖金该是多少就是多少。

某制作中心总经理考核表（示例）

序号	指标名称	权重	必保目标值	挑战目标值	评分标准	实际绩效	考核分	折算分
1	品牌生产计划达成率	30%	97%	99%	达到必保目标为90分达到挑战目标为100分，必保目标与挑战目标间线性加分，最高封顶110分，低于必保目标加倍扣分低于必保目标60%本项不加分	100%		
2	产品合格率	20%	95%	96%		95.5%		
3	产品质量改善计划达成率	10%	90%	98%		90%		
4	定额制造成本降低率	10%	1%	3%		2.5%		
5	人均劳动效率提高率	10%	1%	3%		0.5%		
6	设备综合率	20%	80%	83%		85%		
被考核人： 考核人：						总分		

这个考核表告诉了我们怎样的一个道理呢？绩效考核分数不是打出来的，应该是算出来的。不需要您打分，您只要按照这个公式一算，该多少分就是多少分，这样的考核才是客观的。很多企业在进行月终考核时是这样的，每个员工写一份总结，写完总结交给他的上司，上司根据这个总结的情况给他们打分。打分的标准是这样的，上司评分占80%，下属自己评分占20%，这样绩效考核得分就出来了，再根据这个分数算出绩效工资。

这样的考核方式好不好？这个考核是最典型的既没有目标也没有评分的标准，那上司打分凭的是什么？凭感觉。打分的时候就非常痛苦，这个分怎么打啊，太难了！或者算了算了，大家都打97分吧。实在不行就轮流坐庄吧，反正六个人，小李这个月先做第一，下个月小陈做，再下个月小张做，都出来了。

我再来打个比喻，假设您下属的工作职责是射箭，他一箭射出去了，

下篇　管理模式

然后跟领导说，领导，我的工作完成了，过来给我打分吧。这个领导怎样给他打分呢？看看是谁了，而如果是我的表妹，多少分？不止100分，105分，加5分。而如果是小陈，这个小子不听我的话，给他50分，所以这个就叫典型的射完箭之后再画靶子。

企业的绩效考核是不是要射完箭再画靶子？应该在射箭前先有靶子，这个靶子就是目标，而且这个靶子要把目标得分的规则定清楚。比如说射中心环得100分，每往外走一环少10分，最后十环以外得0分。他一箭射出去，领导我的工作完成了，过来给我打分吧。这个领导过来怎样打分，看一下是几环就可以了，所以绩效考核一定要有个靶子、有个目标，而且在工作前要先把规则定好，那么这个绩效考核才是科学的、公平的。

如果要做到绩效考核的分数是算出来的，一定要量化，量化是什么呢？见人见数。您说姚明打球好不好？好！中国有13亿人口，13亿人都说姚明好，那姚明就是世界第一吗？不一定。您是不是世界第一或者全世界排第几，要量化才可以。量化就是见人见数，每个人的背后都有一些数据，这些数据就是我们所说的KPI，即关键绩效指标。您说姚明打球好不好，看姚明每一场球的进球数、篮板数、助攻数，还有几个盖帽、几个犯规等等这些量化的数据就代表姚明的绩效了。那么同样的道理，每个员工、每个管理人员，您要说您的绩效好，拿什么来？拿出数据来。好！这是第一个原则。

管理人员认为好、员工认为好。你们公司都做绩效考核，都有绩效考核制度，请问你们公司的绩效考核制度做到"三好"了吗？

那什么样的绩效考核制度才能做到"三好"呢，我给各位讲一个例子。我在2009年的时候给吉林通化一家公司做顾问，这家公司是做中药的，有一天一个车队的队长跑过来找我说，杨老师，能不能告诉我驾驶员该怎样管理。我问他怎么回事，他说他们有70多个驾驶员，他们都是老板的老乡，牛得不得了，太难管理了。我就问他为什么有这么多驾驶员，这个车队主要是做什么的呢？是做公司的物流配送，把公司的产品配送到全国的每一个办事处，所以他需要自己的车队。我就问他，一个驾驶员一个月工资是多少？我以为很低，低到很难管，后来他告诉我说，平均4000元一个月，如果再加1000元就是一个部门经理的工资了，部门经理的工资也就5000元左右，一个驾驶员就4000多元，所以工资已相当高了。

这么高的工资，又是老板的老乡，应不应该好好地工作？而结果却是太难管了，是什么原因呢？后来我问他，能不能告诉我在什么情况下这些驾驶员的工资会超过4000元，什么情况下会少于4000元。他告诉我，要超过就没有机会了，但是少是有的。为什么？公司有非常严格的绩效考核制度。各位注意，他说的是绩效考核制度。

我就问他是怎样的绩效考核制度？他说公司的制度是这样规定的，如果一个人上班准时，下班不早退，没有交通事故，没有警察罚单，恭

下篇　管理模式

喜您，就是4000元。如果有警察开罚单，比如闯红灯或者超速，您自己承担。如果有交通事故，您自己承担30%的费用。我问您，在这个绩效考核制度下，不让公司扣您的工资，最好的方法是什么？就是不出车。各位注意，是制度让他不出车。您想想最后怎么样，很显然，很难对他进行管理。

我说队长，我给您讲个经济学原理，一支笔5元钱，我今天要买10元钱的笔，对方要给我多少支笔？是不是2支，这个叫作等价交换。那同样的道理，公司现在每个月支付4000元钱给驾驶员，这个叫投入。这个产出是什么？是每个月的1日到31日，这个驾驶员所有的工作叫产出，这个产出可以用一个关键词来表示，这个关键词叫什么呢？叫作KPI，就是他的关键绩效指标。

那针对驾驶员应该有什么关键绩效指标？公里数、百公里耗油，还有准点率、货物损耗率、交通事故、警察罚单损失的金额，还有最后一项叫作汽车保养的状况，这几个关键指标决定了这个驾驶员的产出高低。根据他产出的高低，来跟这4000元的工资挂钩。最后形成一个弹性工资，怎样弹？上下弹。有人拿这个地方，有人拿那个地方。

所以看这个是不是见人见数，所有的KPI就是见人见数。我就问他，能不能把每一个驾驶员的数据都搜集起来，最后建立一个以绩效为导向的激励机制。他说可以啊，这个很简单。

后来他们采取了新的绩效考核方法，时间过了两个月，这个队长又来找我。一看见我，"老师，抽烟抽烟抽烟"，然后把烟都放在了我的桌上，一看一堆烟都是不同牌子的。我就问他为什么有这么多不同牌子的烟啊？他说老师，您有所不知啊，以前我要叫驾驶员出去怎么叫都不出去。结果怎么样，他说我每个月要掏出好几百块钱买几条烟来孝敬他们，才能把这个工作安排出去。他说现在我再也不用买烟了，驾驶员都给我烟了，为什么？他求着我给他安排出车。

所以我们看，从以前要他做，到现在他要做，是什么在起作用？就是这个具有激励性的、见人见数的绩效考核制度在起作用。您想拿到更多的钱您就要出更多的车，您出了更多的车，工作成果就更高，工作成果高就能够有更高的收入。所以说，绩效考核起什么作用？导向，导向员工的行为，行为影响到他工作的结果，结果就要影响到他的奖金收入。而他想拿更多的奖金，就要有导向行为，是这样的一个循环。那这个循环有什么重大作用呢？就是让员工都可以做到所谓的自动自发。

杰克·韦尔奇在退休之后，到上海去作了一次演讲，当时来了很多中国企业家。其中有一个企业家问了他一个问题："杰克·韦尔奇先生，您认为最好的管理手段是什么？"杰克·韦尔奇说，最好的管理手段就是绩效考核。

这样的考核制度我们来看看是不是可以做到"三好"。第一个是老板认为好不好？员工的工作激情调动起来了，油耗减少了，损耗减少了，送货的准点率也提高了，同时由于效率提升之后，公司的汽车也减了少，原来要70辆车，现在只需要50辆就够了，成本降低了，老板肯定高兴。

接下来管理人员认为好不好，就是车队的队长，他以前要买烟孝敬师傅，现在不需要买烟了，别人还给他烟了，管理更轻松了，无为而治了。再来看员工认为好不好，我告诉您，没有任何一个员工就是想在公司里面混日子的，人生就几十年，谁都想通过自己的努力创造更多的价值，但问题是通过我的努力做出成果以后，能不能得到应有的回报。所以，对员工最大的激励是什么？是员工做完了这个事情之后能马上知道他的绩效，马上能算出他拿多少钱，这是最高的激励。而不是说一个承诺，你好好干吧，我绝不会亏待你的，有没有这样的老板？

（三）全面绩效考核

要想真正做好绩效考核，在这里面还有一个难点，那就是究竟绩效考核考核的是什么？接下来我介绍一下全面绩效考核。按照管理学的原理，先有投入，跟着有过程，最后有产出。那么，跟我们现在讲的全面绩效考核有什么关系呢？同样的道理，一个工作也有投入、有过程、有产出。现在我把它改成一个绩效术语。投入叫作素质，素质叫作KCI，这个K的意思是关键，C的意思是素质，I的意思是指标，关键素质指标。过程我们也叫过程，用GS来表示，绩效指标。它就是计划性的目标产出，我们叫结果，结果叫KPI，就是关键绩效指标。这样我就分别说出了三个不同维度的考核内容。

下篇　管理模式

来举个例子，请问您，保险公司的业务员做业务容不容易？相当不容易。但是在2005年辽宁省的百强企业当中，排名排在第一的是平安保险公司。它卖保险卖的营业额比辽宁电网卖电的营业额还要高、比辽宁移动卖电话费的营业额还要高。那么，一个保险公司为什么会做这么好呢？我们来看一下平安保险的全面绩效考核。首先，以结果为导向的KPI有什么指标，每个保险业务员有保单数、保费额。那么我问您，保险业务员的奖金高不高？相当高。我给到您高的奖金，您每个月要给我完成多少保单数、多少保费额，至于中途怎么做我不管。您想想，这些保险业务员会不会辞职？大部分都会辞职。

但是您发现保险公司是怎么做的，每天早晨保险业务员一定会到他们的办公室里开早会接受培训。每天要做出拜访计划、服务计划。今天我要拜访几个人、服务几个客户，如果说今天我定的计划没完成的话，即使做到凌晨也要完成。那我想问您，每天每个业务员都这样做的话，会不会有好结果？肯定会有好结果的。但是又有问题了，我哪怕再努力，如果说我的素质不高，比如说我对产品知识不了解、我业务技巧不够、我又没有事业心、我脸皮也不太厚，各位，您说他能做成功吗？我所说的这个产品知识、业务技能、沟通能力、事业心，包括心理承受能力，这些都是素质的内容。平安保险公司对业务员进行考核，包括素质的考核、过程中的拜访计划、服务计划完成情况的考核，最后是保单数、保额费的考核，全部加起来才叫全面绩效考核。

所以，一个员工的全面绩效考核包括了三大块，第一块叫KPI，第二块叫GS，第三块叫做KCI。那么，三大块它们分别是怎样的，我给各位解释一下。

第一块是KPI，什么叫KPI，就是工作的效率和效果的体现，是可以用量化数据表现出来的。它是体现工作成果的参数，那我问您，姚明的工作成果用什么参数来表示，助攻数、篮板数、投篮命中率等等这些关键指标。

在这里有个关键问题，就是KPI这些指标该怎样找到？我现在用一个很通俗的方法来告诉您，就是四个字，多、快、好、省，您通过这四个维度就可以找到了。

比如说一个工厂的车间主任他的KPI是什么？多是什么，产量、产值；快是什么，交货及时率；好是什么，产品合格率或者安全事故率；省是什么，省是材料损耗率、人工费用的降低率。这些指标加起来，就是这个车间主任的关键绩效指标了。

一个业务员的KPI是什么？是销售收入、客户数；快是什么？回款率；好是什么？客户满意度、客户流失率；省是什么？销售费用率。这些指标加起来，就是这个业务员的关键绩效指标了。

第二块是GS，什么叫GS，GS是指工作目标，计划式的目标。它是对工作职责范围内的一些具有阶段性、过程性、难以量化考核的关键工作任务完成情况的考核方法。

请问您，您公司里面有没有一些具有阶段性、过程性的重要工作，而这些工作不可能直接进行量化考核。比如说，一个工厂它的关键指标是什么呢？是产品合格率、生产的产量、成本的控制等等。但是我们要完成这个KPI，是不是要做很多其他方面的关键性工作，比如说要做设备的改良、工艺的改进，那我想问各位，设备的改良、工艺的改进是不是一个阶段性工作，这个工作重不重要？很重要，但是您会发现这么重要的工作，如果您不考核他，他就可能不重视，所以这时候设备的改良、工艺的改进工作就变成阶段性的一个工作目标了，它就是GS。

第三块叫作KCI考核，就是关键素质指标考核。我来举个例子，全中国13亿人都说姚明打球好，但是如果姚明一上场就只顾着自己去拿分，从来不传球也不配合，最后有没有可能让这个球队输了？有可能。所以为了防止姚明只是一个人单干而不配合，对姚明还要加上KCI的考核指标，比如团队合作精神、集体荣誉感，这些指标叫作素质指标。通过素质考核，保证姚明在比赛的时候能得到高分，这个叫KCI考核。现在在企业里比较普遍的KCI考核有产品知识、销售技巧、沟通能力、责任心、团队合作、忠诚度等等。

在这里，您要清楚一点，KCI的考核是不定性的，是不能算出来。所以，素质考核更多的是看一个人的行为，比如在马路边看到某个人随地吐痰、讲脏话、对老人小孩不尊重，您就说这个人的素质太差，为什么？因为他的行为体现出了他的素质差。所以，素质一定是通过行为表现出来的，那我们怎样做KCI考核呢？首先，对每一个素质指标进行分数等级的行为描述，都要把它描述出来。然后根据这个员工的行为表现，与所对应的这个素质指标分教等级的行为描述相对比，决定这个被考核人的素质分数应该是多少。

可见，这个素质考核是打分的，但是打分怎样可以做得更公平呢？有一个考核方法叫作360度考核，什么叫360度考核？就是被考核人的上司、同事、还有下属分别对他的行为，根据分数等级的行为描述进行打分。然后像中央台的青年歌手大奖赛打分一样，去掉最高分、最低分，再算平均分，那么这个分数就能比较准确地反映其真实状况了。

但是360度考核这个工作量很大，每一个岗位可能有十几、二十人给他打分，所以通常KCI的考核半年或者一年才进行一次。但是即使是半年或者是一年考核一次，我们可以让它的有效期达到半年，那可不可以让有效期达到一年呢？最好不要是一年，我们的目的不是扣工资。也就是说，只考核一次要影响他半年的KCI分数，但事先必须要让员工清楚公司的这一规定。

（四）PDCA管理循环

问各位一个问题，您有没有给自己的下属安排一个工作任务，最后这个工作任务不了了之，有没有这种情况？那为什么您的工作任务交出去之后下属就不了了之了呢？最主要的原因是由于您没有追踪、检查、考核、反馈，所以后来就不了了之了。各位要清楚一点，如果您的公司应用了绩效绩效管理，那么您的管理绝对是一个闭环。这个闭环体现在有过程追踪、过程检查、绩效考核、反馈改善。如果您的管理没有形成闭环，您的管理就不叫管理。

为了提高我们的绩效，我们来讲解一个卓越的绩效管理方法，叫作PDCA管理循环。P叫作计划，工作前设定明确的计划；D叫执行，按计划去做；C叫检查；A叫做反馈改善。（请看下图）

PDCA管理循环

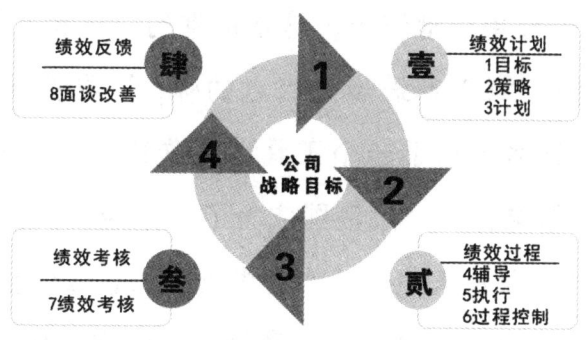

我们来研究一下PDCA管理循环起着怎样的管理功效，看起来很简单，但它在世界管理理论当中却占有重要的位置，一起来学习一下。

PDCA管理循环是一个叫戴明的美国人在日本提出来的，第二次世界大战于1945年结束，美国接管了日本，为了让日本迅速地实现工业重振，美国派遣了很多专家来帮助他们。其中就包括戴明，这与当时苏联派专家给中国是一样的。后来日本制造走遍了全世界，甚至可以挑战美

下篇　管理模式

国。通过23年的努力，日本成为了全世界GDP排名第二位的经济体，仅次于美国。为什么一个战败国通过20多年努力就能成为世界第二呢，全世界都在研究日本的工业重振是怎样实现的。戴明在日本得到了日本人至高无上的肯定，日本最高的品质奖名称就叫做戴明奖。

有一次记者去采访戴明，就问："戴明先生，能不能告诉我日本人是怎样通过20多年的努力就成为世界排名第二的呢？它的成功秘籍在哪里？"戴明说："很简单，因为日本每天都在进步一点点。"记者接着问："那戴明先生，一天进步一点点很容易，最难的是什么？"戴明答道："持续。"如何做到每天都持续地进步，这是最难的。记者接着问："戴明先生，日本是怎样做到每天都进步一点点的呢？"戴明听完之后哈哈大笑，他说："因为日本人用了一个工具，叫作PDCA管理循环。"用了PDCA管理循环，结果让一个战败国成为了一个经济大国。那我们的企业呢？如果我们的企业每天都在工作当中去成长、去进步、持续改善，那么总有一天我们可以达到事业的最高峰，这叫作PDCA管理循环。对于我们来说，绩效管理就符合PDCA管理循环。请看，第一步，绩效计划；第二步，绩效过程；第三步，绩效考核；第四步，绩效反馈。这是一个循环。各位，这个循环是为什么服务的？是为公司的战略目标服务的，所以您会发现管理是什么，是个闭环。一旦您的管理形成了闭环，就可以在工作当中不断地成长、不断地提升。

比如说我的产品合格率现在只有95%，没关系，从今天开始就应用

PDCA管理循环这个工具，今天就定目标、找策略、做计划、执行、检查、反馈、改善。结果是终于提高了0.5%，从95%变成了95.5%，这是一个循环。接着我们再找出更好的改善方案，又到了下一个循环。这样不断前进，可能过了一段时间我们的产品合格率就从95%变成98%了，所以我们一定要让管理形成一个闭环。

（五）完成目标策略

设定目标后，为了达成目标我们采取了绩效考核的方式，但只有这些还不够，还要通过一连串的手段来确保目标百分百实现，接下来我来讲解一下完成目标的策略。

举个例子，我在去年年底给北京一家企业做顾问，这个企业要定他们的年度目标，他们定的目标是明年要完成5000万元的营业收入。那我问各位，这个目标要分解给谁？是他们的销售副总，他要承接未来一年时间内完成5000万元的目标。

结果在开会的时候，老板就对这个销售副总说："您这边是5000万元。"这时候销售副总说："老板没问题，您只要把相应的资源给我，这5000万元的目标我保证完成，您就放心吧！"

这个时候老板看了我一眼，为什么呢？因为他们公司以前都是这样，老板很豪放地把目标分下去，然后下属很豪放地在老板面前表态，结果到年底的时候目标经常是完不成的。比如说定的目标是3000万元，到了年底却只完成了2000万元，老板拿他也没办法，把他枪毙也没用，想把他换掉吧,又找不到更好的,后来还是会留下来。目标是3000万元,只完成了2000万元,该不该发奖金呢?老板觉得如果不发点奖金,明年比较麻烦,所以还是发一点儿吧,现在就是这种状态。这时候轮到我讲话了,我说王总,您想让老板放心,就回答我五个问题,如果这五个问题您回答得很清楚,老板就放心了。第一个问题就是空间维度的分解,就是这5000万元的目标是怎样分到每个大区、怎样分到每个办事处、怎样分到每个业务员的,您要把这个数据给我。

我们这样做的目的是什么?一句话,千斤重担万人挑,人人头上有指标,每朵小花都绽放,每只小鸟都歌唱。这5000万的目标决不是靠您一个营销副就能总扛下来的,是通过您对整个组织员工的积极性调动,让每个员工都有承担,这5000万元的目标才有保证。

第二个问题,时间维度的分解。就是把这5000万元的目标分解到四个季度、再分解到每个月甚至分解到每周,您要把这个数据给我。为什么要这样做?注意,公司对他的管控必须是每个月的业绩要完成。所以,需要从时间段里面对他进行管理。人是有弱点的,您跟我都一样,都有什么样的心态?前松后紧,临时抱佛脚。所以说,您在组织管理当中一定要把前面的工作紧起来,后面适当地松一点,这样我们才有充裕的时间来好好总结今年、好好展望明年。

第三个问题,完成目标的策略,即您准备用怎样的策略去完成这5000万元的目标。5000万元的目标相对来讲是有一定的挑战性的,您保证完成这个目标，有什么样的策略、什么样的方法？

第四个问题，年度的行动计划。在这个策略下您的年度计划是怎样做的，您要把这个计划给我。

第五个问题，费用预算。您要完成这个目标，需要公司支持多少费用给您、支持多少资源给您，您要把这个预算给我。OK，总共是五个问题，您把这五个问题回答清楚了，代表您对未来的工作思路是清楚的。那么，您的管控体系就可以建立起来了。所以我想提醒您，今后不管是什么目标，只要是任何一个部门、任何一个管理岗位接受到您的目标之后，您马上就要对这个目标进行管理了，怎样管理？就是回答这五个问题。第一个，空间维度的分解，就是怎样分到每个人头上。第二个，时间维度的分解，怎样切成更小的段。第三个，完成目标的策略，就是如何找到策略。第四个，年度的行动计划，就是如何建立您的行动计划。第五个，费用预算，您需要多少费用、需要公司支持怎样的资源。您把这五个方面说清楚了，马上就可以行动了。

以上就是我们管理技术的全部内容了，在这里我最后要说的是，只有当您用系统去管理企业的时候才能真正提升企业的工作效率！至此，谢谢您与我完整地走完企业业绩倍增系统的旅程！祝您业绩日日增长、日进斗金，与您的员工共同实现梦想！

附页

构建企业战略模板

构建企业战略模板

1.行业趋势分析：您的行业现在处于什么发展阶段，未来是什么样的？行业中的老大是谁，它在做什么、它的未来苗头是什么？

（1）行业现在发展阶段：_____

_____

_____

_____

行业未来发展趋势分析：_____

_____

_____

_____

_____

_____

（2）行业老大定位说明：_____

_____

_____

_____

附页 构建企业战略模板

行业老大经营项目说明：_____
_____
_____
_____

行业老大未来发展趋势分析：_____
_____
_____
_____

2.顾客需求分析：顾客现在的需求是什么，未来的需求是什么，行业中的老大它在做什么，要做什么？

（1）我的顾客现在需求说明：_____
_____
_____
_____
_____
_____

附页　构建企业战略模板

（2）我的顾客未来需求说明：_____

_____

_____

_____

_____

（3）行业老大满足顾客需求说明：_____

_____

_____

_____

_____

（4）行业老大未来经营分析：_____

_____

_____

_____

_____

附页 构建企业战略模板

3.竞争模式定位：您现在的竞争模式是什么，行业中老大的竞争模式是什么，您未来的竞争模式是什么？

（1）某某企业现在的竞争模式：_____

_____

_____

_____

_____

_____

_____

_____

_____

_____

_____

_____

_____

_____

附页　构建企业战略模板

（2）行业老大的竞争模式分析：

附页 构建企业战略模板

附页 构建企业战略模板

（3）某企业未来竞争模式计划：

附页　构建企业战略模板

附页 构建企业战略模板

4.愿景和使命定位：您的企业愿景和使命该如何定位？

（1）某某企业愿景定位：_____

_____

_____

_____

（2）某某企业使命定位：_____

_____

_____

_____

_____

5.行业和业务定位：为什么选择这个行业？选择这个行业后又为什么选择这个业务？

（1）我选择这个行业的原因说明：_____

_____

_____

_____

附页 构建企业战略模板

（2）我选择这个业务的原因说明：

附页 构建企业战略模板

附页　构建企业战略模板

6.多元化转型定位：您的企业经营是选择多元化还是一元化，为什么？经营需要转型吗？

附页　构建企业战略模板

附页 构建企业战略模板

7.生存空间定位：中小企业有六种生存空间，您怎样选择？为什么？

某某企业生存空间选择说明：_____

附页 构建企业战略模板

附页 构建企业战略模板

8.企业经营能力和优势定位：（企业能力因素分析法）：

（1）企业经营能力定位（请填下表）：

构建企业战略模板

能力类型因素分析	面临的问题分析	
	问　题	原因分析
经营管理能力	1. 企业领导决策能力如何？ 2. 企业组织架构及协调能力如何？ 3. 管理制度是否健全？ 4. 企业战略管理与指挥水平如何？	
企业市场应变能力	1. 产品适应市场的能力如何？ 2. 顾客对产品与服务的评价如何？ 3. 企业应付突发事件的能力如何？ 4. 产品市场的潜力如何？	
企业竞争能力	1. 产品市场占有率如何？ 2. 企业与竞争对手的优劣势分析？ 3. 竞争者的数目与竞争发展趋势如何？ 4. 企业及竞争对手所采取的竞争战略？	
企业科技创新能力	1. 科技人员能否适应发展需要？ 2. 产品开发创新的种类、效率如何？ 3. 科技设备的条件如何？ 4. 企业拥有的专利数目与工艺水平如何？	
企业生产能力	1. 现有生产能力设施的状况？ 2. 生产技术水平如何，质量如何？ 3. 企业生产效率如何？ 4. 生产组织程度如何，是否适应现代发展水平？ 5. 生产能力发挥的程度如何？ 6. 生产改进能力如何？	
企业营销能力	1. 营销策略是否有效？ 2. 企业产品销售渠道如何，有无优势？ 3. 销售网点如何，与销售商的关系如何？ 4. 有否促销手段？ 5. 销售队伍的素质如何？ 6. 企业的储运与售后服务能力如何？	
企业财务实力	1. 各种财务指标的现状和变化趋势。 2. 企业筹资渠道与能力如何？ 3. 企业资金运用效率如何？ 4. 企业投资回收率与货款回笼能力？	
企业获利能力	1. 企业历年收入减增变动怎样？ 2. 企业历年销售利润的变化大小？ 3. 企业投资报酬率如何？ 4. 企业资本金纯利率是多少？ 5. 企业的利润是否高于同行业平均利润？ 6. 企业是否有获利潜力可挖？	

附页 构建企业战略模板

企业经营能力定位说明：

（2）企业经营优势定位（请填下表）：

企业经营优势评价表

代号	因素	评价项目	能应付当前环境的分值	合计	百分比
①	经营管理能力	1. 企业经营者素质 2. 企业组织架构及协调能力 3. 组织管理水平 4. 战略策略水平 5. 经营机制与责任			
②	企业市场应变能力	1. 产品及品种构成 2. 产品寿命周期阶段 3. 产品质量 4. 产品价格 5. 应付突发事件能力 6. 售前售后服务 7. 市场潜力			
③	企业竞争能力	1. 市场占有率 2. 企业总体优势 3. 竞争者数量和发展趋势 4. 竞争战略优势			
④	企业科技创新能力	1. 科技人员数量与素质 2. 技术开发广度与深度 3. 新产品投产率与盈利水平 4. 专利技术与工艺水平优势			
⑤	企业生产能力	1. 生产技术水平 2. 企业生产效益 3. 企业生产组织形式 4. 生产创新能力			
⑥	企业营销能力	1. 企业销售渠道及网点 2. 企业与经销商的关系 3. 企业促销策略 4. 企业销售人员素质			
⑦	企业财务实力	1. 资产负债比 2. 流动比率 3. 积累水平 4. 企业筹资能力			
⑧	企业获利能力	1. 销售增长率 2. 销售利润率 3. 投资报酬率 4. 资本金纯利率			
	合计				

附页 构建企业战略模板

企业经营优势定位说明：

附页 构建企业战略模板

附页 构建企业战略模板

9.产品独特价值定位：您能否做出企业产品的独特价值来？
我的产品独特价值定位说明：_____

附页　构建企业战略模板

10.组织模式定位：

如何定位您企业的组织模式，才能发挥出最大的组织效能？

某某企业组织模式定位说明：_____

_____

_____

_____

_____

_____

_____

_____

_____

_____

_____

_____

_____

_____

_____

_____

附页　构建企业战略模板

11.宏观经济分析：（PEST分析法与SWOT分析法）

（1）企业环境分析（请填下表）：

企业环境风险分析表（PEST）

环境因素	环境因素变化趋势预测			对企业的影响		企业采取的应对策略
	状态	时间	概率	机会	风险	
市场需求 竞争状况 分销条件 供应因素 政策法律 宏观经济 科技进步 社会文化						

企业环境分析一结果说明：_____

_____

_____

_____

_____

_____

_____

附页　构建企业战略模板

企业环境分析二（请填下表）：

SWOT分析

	优势（Strengths） 1…… 2……	劣势（Weaknesses） 1…… 2……
机会（Opportunities） 1…… 2……	S+Q战略选择 1…… 2……	W+Q战略选择 1…… 2……
威胁Threats 1…… 2……	S+T战略选择 1…… 2……	W+T战略选择 1…… 2……

企业环境分析二结果说明：_____

_____

_____

_____

_____

_____

_____

附页 构建企业战略模板

（2）企业环境分析总结说明：

附页　构建企业战略模板

12.行业环境分析：（波特模型分析法）

企业行业环境分析：

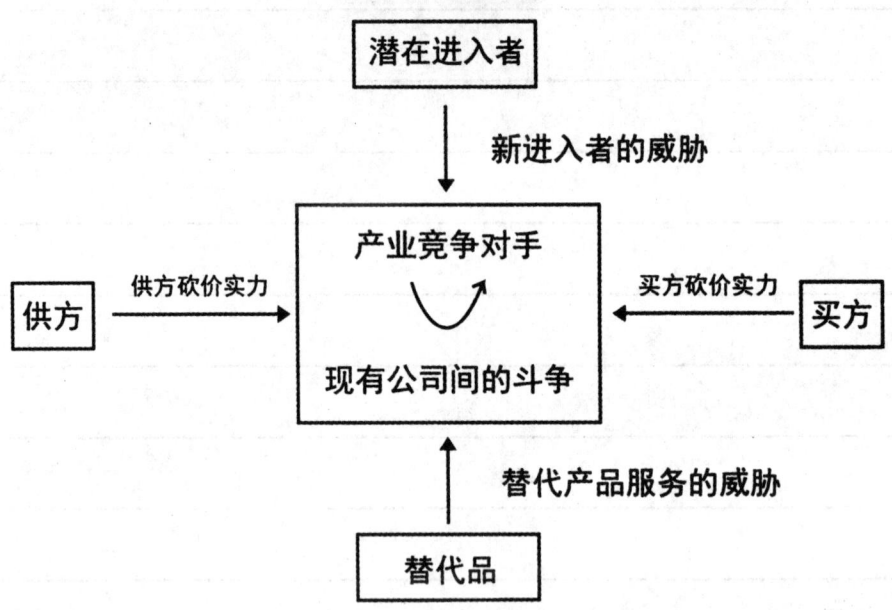

企业行业分析结果说明：_____

_____

_____

_____

_____

_____

_____

附页 构建企业战略模板

附页 构建企业战略模板

企业战略决策

1. 企业战略分析总表：

企业战略分析总表

十二大分析	分析结果	战略选择
行业趋势分析		
顾客需求分析		
竞争模式定位		
愿景和使命定位		
行业和业务定位		
多元化转型化定位		
生存空间定位		
企业经营能力和优势定位		
产品独特价值定位		
组织模式定位		
宏观环境分析		
行业环境分析		

某某企业战略选择说明：

附页　构建企业战略模板

2.战略选择自检：您定的战略是否符合战略标准,战略周期是怎样的?
（1）某某企业战略符合标准说明：_____

_____

_____

_____

_____

_____

_____

_____

_____

_____

_____

_____

_____

_____

_____

_____

附页 构建企业战略模板

（2）某某企业战略周期说明：

附页 构建企业战略模板

(3) 请做出您企业的年度战略计划?

某某企业年度战略计划：_____

附页 构建企业战略模板

附页　构建企业战略模板

年度战略计划表

目标计划＼季度	总体	销售	生产/服务	研发	人力资源	财务	其他
全年度							
第一季度							
第二季度							
第三季度							
第四季度							